"Foi como tirar a venda dos meus olhos. O digital se torna tão trivial que somos influenciados pelas mídias e nem percebemos. É como se vivêssemos na caverna de Platão, observando tudo em terceira pessoa, só que dessa vez por meio de telas. Com a leitura deste livro, pude me tornar mais consciente e, enfim, tomar atitudes para me tornar mais protagonista do meu mundo digital e menos coadjuvante."
– Gisele Fonseca

"Você controla seu celular? Ou é ele que lhe controla? Parece uma pergunta simples, mas ela causa uma profunda reflexão sobre hábitos digitais, autodomínio, foco, produtividade que impacta toda sua vida. Este livro vai te dar a clareza para você tomar as rédeas de volta e aprender a usar de forma saudável essa poderosa ferramenta tecnológica de nossas vidas."
– Dr. Eduardo Moraes

"O digital já faz parte da nossa vida. Não tem volta. Pelo contrário: aumenta exponencialmente. Por mais contraintuitivo que possa parecer, prevenir ou tratar a infobesidade vai além de negar, fugir ou lutar. Trata-se de priorizar o desenvolvimento da consciência digital para intencionalmente conectar-se à tecnologia de forma positiva, equilibrada, crítica e segura. Assim como o fogo, a tecnologia é uma ferramenta. Ambas poderosas, tanto no poder de destruição quanto nos benefícios que podem proporcionar. Seu domínio representa um salto de evolução na humanidade. O que estamos, distraidamente, esperando para dominar o digital? É urgente compreender o conceito de que o 'digital precisa do natural'. Uma conexão saudável com o digital requer antes que outras mais importantes estejam desenvolvidas: conexões com a natureza, com a família e os amigos, com a espiritualidade e, de dentro para fora, consigo mesmo. O autoconhecimento e o fortalecimento de habilidades socioemocionais são fatores chave para o sucesso de nossa evolução em sociedade. Ao mesmo tempo em que é prático e visionário, Fabio nos traz um roteiro para uma das mudanças de hábito mais importantes da atualidade: da infobesidade para a consciência digital. Necessário, fundamental, urgente! Que este conteúdo consiga impactar bilhões de pessoas!"
– Carolina van der Laars Ribeiro

"A vida imersa em tecnologias digitais pode nos transformar facilmente em consumidores saturados, desatentos e ineficientes. Pode ser até mais grave e virar dependência, provocar doenças e causar estragos profundos. O que Fabio Nudge Pereira nos ensina neste livro oportuno e necessário são as práticas de uma ioga fundamental que nós, humanos, precisamos para retomar o controle sobre a tecnologia."
– Mauro Zackiewicz

"Um livro para lhe tirar do automatismo digital e lhe mostrar escolhas na sua vida que andam fazendo por você. A mudança está em suas mãos."
– Ana Luiza Marinho

"O excesso de informações, às vezes, me deixa confusa a ponto de não conseguir produzir conteúdos atrativos."
– Maria Castro

"Nessa era, com tantas informações fáceis e rápidas, precisamos tirar um momento para descansar nossa mente. Mesmo quando trabalhamos com toda essa tecnologia, um tempo para estar em contato com as pessoas que amamos, com a natureza, e até mesmo conosco, é de suma importância para nossa saúde mental. Existem algumas técnicas que ajudam a acalmar a mente, como a meditação. Tente relaxar a mente e veja seu dia a dia melhorar."
– Gabi Saba

"O celular é uma ferramenta e, como tal, precisamos aprender a usar de maneira certa e nos momentos certos."
– Carlos Santis

"A tecnologia está disponível para facilitar a vida e nós a complicamos por não dar limites."
– Néldi Maria Boscatto

"Nosso cérebro foi desenvolvido para lidar com uma quantidade de informações milhares de vezes menor do que com a que lida nos dias de hoje. Concorremos para ver quem mais consegue usar o cérebro. Este livro lhe explicará a importante diferença entre usar 'mais' ou 'melhor' o nosso cérebro."
– Gabriel Barreto Alberton

Em toda jornada, temos companheiros em nossa caminhada e com este livro não seria diferente. Siga os embaixadores do Movimento Infofitness!

Fabio Nudge Pereira

Assuma o controle das suas telas

COMO DIZER NÃO PARA A SOBRECARGA DE INFORMAÇÃO,
MELHORAR A PRODUTIVIDADE E USAR A TECNOLOGIA A SEU FAVOR
PARA TER MAIS TEMPO PARA VOCÊ

Diretora
Rosely Boschini

Gerente Editorial Sênior
Rosângela de Araujo Pinheiro Barbosa

Editora Júnior
Carolina Forin

Assistente Editorial
Fernanda Costa

Produção Gráfica
Fábio Esteves

Preparação
Gleice Couto

Capa
Rafael Nicolaevsky

Projeto Gráfico e Diagramação
Linea Editora

Revisão
Wélida Muniz
Andréa Bruno

Impressão
Edições Loyola

CARO(A) LEITOR(A),
Queremos saber sua opinião
sobre nossos livros.
Após a leitura, siga-nos no
linkedin.com/company/editora-gente,
no TikTok **@editoragente**
e no Instagram **@editoragente**
e visite-nos no site
www.editoragente.com.br.
Cadastre-se e contribua com
sugestões, críticas ou elogios.

Copyright © 2023 by Fabio Nudge Pereira
Todos os direitos desta edição
são reservados à Editora Gente.
Rua Natingui, 379 – Vila Madalena
São Paulo, SP – CEP 05443-000
Telefone: (11) 3670-2500
Site: www.editoragente.com.br
E-mail: gente@editoragente.com.br

Dados Internacionais de Catalogação na Publicação (CIP)
Angélica Ilacqua CRB-8/7057

Pereira, Fabio Nudge
     Assuma o controle das suas telas : como dizer não
para a sobrecarga de informação, melhorar a produtividade e
usar a tecnologia a seu favor para ter mais tempo para você /
Fabio Nudge Pereira. – São Paulo : Editora Gente, 2023.
     192 p.

ISBN 978-65-5544-339-4

     1. Administração do tempo 2. Mente - Efeito das inovações
tecnológicas 3. Bem-estar 4. Foco I. Título

23-3060	CDD 153.1532

Índice para catálogo sistemático:
1. Administração do tempo

Nota da Publisher

Vivemos em um mundo onde a sobrecarga de informações e o esgotamento mental se tornaram uma realidade preocupante. Esse frenesi tecnológico em que estamos imersos nos impede de focar o que realmente importa. A infobesidade, uma síndrome que se assemelha ao burnout, tem se espalhado de maneira alarmante. Segundo o International Stress Management Association (ISMA), o Brasil ocupa a segunda posição em casos de burnout.

Se você está com este livro em mãos, provavelmente é porque se sente mentalmente esgotado, não sabe lidar com essa avalanche de informações que tomam conta do nosso tempo e atenção e quer se reconectar consigo mesmo. Pois tenho a certeza de que Fabio Nudge Pereira, um verdadeiro visionário e especialista em comportamento digital e infobesidade, pode ajudá-lo.

Em *Assuma o controle das suas telas*, Fabio oferece uma nova perspectiva e nos apresenta a uma abordagem inovadora para redefinir nossa relação com a tecnologia e adotar um uso mais saudável das infinitas fontes de informação disponíveis. Por meio de estratégias desenvolvidas pelo autor baseadas em sua própria experiência, ele propõe uma verdadeira dieta detox de tecnologia.

Com mais de vinte anos de experiência, o objetivo de Fabio é impactar a vida das pessoas transformando de maneira significativa a forma como nos relacionamos com a tecnologia e nos reconectamos com a vida real. Permita-o guiar por um caminho de cura, fornecendo as ferramentas necessárias para alcançar o equilíbrio tão desejado entre telas, informações e vida real. Vamos juntos?

Rosely Boschini
CEO e Publisher da Editora Gente

AGRA DECI MEN TOS

Quero agradecer a todas as pessoas da minha família e aos amigos que me incentivaram a escrever mais um livro com o propósito de transformar vidas. Agradeço também a todas as pessoas que já consumiram algum conteúdo meu, seja escrito ou falado, podcast ou palestra, nas redes sociais, nos blogs ou em qualquer outro canal que eu compartilhe troca de informações sobre esse tema que tanto me inspira e pelo qual sou extremamente apaixonado. Obrigado por cada *direct* no Instagram, pelos e-mails, pelas mensagens no WhatsApp, pelo feedback sobre meus outros livros, *Consciência digital* e *Seja (im)perfeito*, e sobre todo o meu conteúdo publicado. Foi por meio dessas opiniões que evoluí e cheguei a esta obra.

Agradeço a toda equipe da Editora Gente que, desde o outro livro, acreditaram em mim. Obrigado especialmente à Rosely Boschini, Rosângela Barbosa, Carol Forin, Camila Hannoun, Fabrício Batista e todas as pessoas envolvidas em fazer este sonho acontecer.

Quero também agradecer a cada um dos apoiadores da causa por trás deste livro que enviaram mensagens, frases e sugestões. Este livro só foi possível por causa de cada um de vocês: Edwiges Parra, Geronimo Theml, Filipe Vilicic, Amanda S. Rangel, Marcio Motta, Néldi Maria Boscatto, Carlos Santis, Maria Castro, Mauro Zackiewicz, Gabriel Barreto Alberton, dr. Eduardo Moraes, Carolina van der Laars Ribeiro, Ana Luiza Marinho,

Agradecimentos

Gabi Saba, Ana Luiza, Andrea Pinto, Antonio Borba, Arthur Lucena, Carolina Ligocki, Cassiana Tardivo, Cineiva Campoli Tono, Cristina M. Pescador, Derick Franqueta, dr. Fabio Trevisan, Eduarda Morrudo Garcia, Eduardo de Souza Paz, Elisandro Vieira, Elizabeth Ruiz, Fernando Vila Verde, Gisele Fonseca, Hayandra, Heloiza Ronzani, Marcelo Pombo, Marcos Venicios, Amanda Pereira, Thaty Mello, Paulo Neto, Diego Brunos, Carla Cavazana, Diego Diniz, Ruhamah Lemos, Maria Augusta Ribeiro, Maria Castro, Márcio Motta, Patrícia Basilio, Rafael Sousa Duarte, Rica Martins, Ricardo Otávio Marques Silva, Rodrigo Ganz, Rosângela Miranda, Susana Cintra, Teresa Cristina Lopes Romio Rosa, Thiago Henrique Siqueira.

PREFÁCIO

É com grande satisfação e honra que escrevo o prefácio desta preciosa curadoria que foi desenvolvida por causa de um sentimento genuíno de servir a sociedade por meio do olhar da busca pela harmonização entre o ser humano e as tecnologias. O autor, cujo talento e dedicação são evidentes em cada página escrita, é uma figura curiosa, lógica, extremamente inteligente e muito humana presente no contexto atual do mundo contemporâneo. Sua capacidade de síntese, associação e seu bom *storytelling* vão orientar o leitor a um melhor entendimento e ambientação sobre a era digital e seus impactos.

Quando conheci Fabio na nossa pós-graduação sobre dependências tecnológicas, me chamou muito a atenção o que fazia um profissional na área de tecnologia dentro de uma especialização voltada para compreensão da psique humana (sou psicóloga) e quais impactos a nossa sociedade em meio a uma crise de identidade do sujeito de nossa sociedade dentro deste contexto da era digital.

Além de sua habilidade técnica e seu talento nato de pesquisador, Fabio também possui uma natureza empreendedora e pioneira em trazer à luz assuntos como a importância de criarmos uma cultura de consciência digital desde sua primeira obra, o que marca o contexto de transição de eras que sempre esteve presente na evolução humana.

Apesar de sua carreira de sucesso como executivo de inovação do mundo corporativo, palestrante, pesquisador e educador,

Prefácio

o autor permanece uma pessoa humilde, acessível e fraterna. Ele valoriza o contato com seus leitores, apreciando cada mensagem recebida e cada discussão inspirada por suas obras. Sua humildade é um testemunho de sua sinceridade como escritor, pois ele reconhece que é por meio dos leitores que suas palavras ganham vida e significado.

Este livro é mais uma das muitas obras-primas que o autor vem compartilhando com o mercado e que merece ganhar o mundo. Sua escrita instigante, acessível e sua habilidade de se conectar emocionalmente com os leitores garantem um lugar especial em suas páginas e em seus corações.

À medida que você embarcar nas páginas deste livro, convido-o a apreciar esta bela curadoria educativa e de autodesenvolvimento cujo um dos principais objetivos é que você desfrute do melhor que a era digital pode ofertar como ferramentas e processos, mas jamais se abster de seu fator HUMANO, de seu ANIMA!

Prepare-se para ser envolvido e introduzido à verdadeira transformação digital, com impactos positivos e negativos. Permita-se aprender que os excessos são – e sempre serão – um dos grandes problemas da humanidade. Afinal, a gula é um dos sete pecados capitais que, desde o início dos tempos, segue atravessando gerações.

Desejo a todos uma excelente leitura e que, assim como eu, uma apreciadora da arte, aproveitem o trabalho e a criação especial desta pessoa amiga e fraterna aos seus!

Aproveitem!

Edwiges Parra

Psicóloga, palestrante e professora de educação executiva da FGV, especialista em saúde mental corporativa e dependências tecnológicas

SUMÁRIO

14 **INTRODUÇÃO**
Deixando a infobesidade para trás – seja infofitness

26 **CAPÍTULO 1**
Estamos sendo consumidos pelas informações que consumimos?

52 **CAPÍTULO 2**
Somos reféns do nosso tempo e do excesso de tecnologia

76 **CAPÍTULO 3**
Como se curar da infobesidade

86

CAPÍTULO 4
Reconhecimento

94

CAPÍTULO 5
PASSO 1. Aceite!

112

CAPÍTULO 6
PASSO 2. Suba na balança digital!

134

CAPÍTULO 7
Recalculando a rota

140

CAPÍTULO 8
PASSO 3. Nova dieta, novos hábitos

162

CAPÍTULO 9
PASSO 4. Volte para o passo 2
e faça tudo de novo

176

CAPÍTULO 10
Você não está sozinho!

184

CAPÍTULO 11
Vamos comemorar, mas não
parar de mudar!

INTRODUÇÃO

Deixando a infobesidade para trás – seja infofitness

Tenho uma carreira de mais de vinte anos na área de tecnologia e já passei por empresas globais que criam o mundo digital no qual vivemos. Logo, conheço bem o que acontece por trás dos celulares e das telas.

Minha paixão por tecnologia nasceu em Pombal, uma pequena cidade do interior da Paraíba onde eu cresci, e onde meu padrasto tinha uma farmácia: a Farmácia dos Pobres. Eu era criança quando ele decidiu informatizar o estabelecimento e instalar computadores. Naquele momento, eu soube que queria algo relacionado à tecnologia para o meu futuro e que usaria essa tecnologia para ajudar pessoas e negócios.

Naquela época, eu e minha família não tínhamos condições financeiras para custear meus estudos em

Assuma o controle das suas telas

uma universidade particular, pois estávamos passando por uma crise. Minha única possibilidade de estudo, portanto, seria ingressar em uma universidade pública. Assim, mergulhei nos estudos e entrei na universidade federal para cursar Computação. Nos primeiros meses, eu precisava ficar até tarde no laboratório da faculdade, pois não tinha computador em casa. Até que um dia recebi um telefonema da minha tia Necy, que sempre foi uma inspiração para muita gente na família, dizendo que me daria um computador de presente. Isso mudou a minha vida.

Em 2007, já formado e seguindo os meus sonhos, enviei o meu currículo por e-mail para a ThoughtWorks, uma consultoria líder global em tecnologia e transformação digital. Participei de aproximadamente dez entrevistas, todas por Skype, e fui contratado para trabalhar na filial da empresa na Austrália. Coloquei tudo o que tinha em três malas e me mudei para o outro lado do mundo, para a terra dos cangurus, onde morei até 2016.

Enquanto estava em Sydney, conversava com minha família e meus amigos do Brasil quase todos os dias, apesar da diferença de fuso horário de doze e até catorze horas – eu brincava que estava no futuro. Trabalhei em equipes distribuídas entre Austrália, China, Índia e Nova Zelândia e me comunicava com essas equipes todos os dias por videochamada.

Deixando a infobesidade para trás – seja infofitness

Faz anos que uso o Google Maps e o Waze quando quero ir a algum lugar cujo caminho eu não conheço. Durante todo o tempo que morei na Austrália, nunca tive um carro, mas tinha acesso a carros por meio de um aplicativo de celular chamado GoGet. Quando precisava de um carro, abria o aplicativo, achava o carro mais próximo, entrava nele, usava e depois pagava por hora de uso, valor que era cobrado diretamente no meu cartão de crédito. Quando não fazia isso, pegava um Uber.

Virei um apaixonado por budismo e meditação nos últimos anos e uso dois aplicativos para meditar: o Headspace e o 1 Giant Mind. Além disso, tenho playlists de meditação no Spotify e vou ao centro budista de vez em quando para aprender, me conectar com pessoas e evoluir espiritualmente.

Eu ando com um relógio digital no pulso no qual vejo todas as minhas reuniões, quantos passos dou ao longo do dia ou quanto me exercito (ele me avisa quando estou parado por muito tempo e sugere que eu me mova).

Percebi que não estava indo ao crossfit como eu tinha comprometido comigo mesmo a ir. Então coloquei lembretes no meu calendário, e, dez minutos antes do horário, o relógio me avisa: "Crossfit em dez minutos". Dessa maneira, eu me sinto culpado se não for, já que me comprometi com o meu "eu do passado". E o "eu do presente", por mais ocupado que esteja, quer pensar no "eu do futuro", mas é difícil, né? Costumamos saber que temos que fazer uma coisa, mas procrastinamos.

Percebeu o quanto a tecnologia e a quantidade de informações estão presentes na minha e provavelmente na sua vida? Eu tenho meu relógio digital, meu calendário, meu Waze, minha agenda digital, minha rotina estabelecida, acordos com o meu "eu" do passado, aos quais procuro me manter fiel, e trabalho com tecnologia há muito tempo. Ainda assim, me vi em meio a uma onda excessiva de informações, conteúdos, vídeos, e-mails, mensagens, áudios. Por um momento, me vi saturado e sem saber como agir.

O excesso de coisas a fazer ultrapassava o meu limite de tempo, eu não conseguia dar conta de tudo e me sentia sempre em débito. Por um tempo, a minha sensação era de que, não importava o quanto eu me dedicasse a consumir tudo o que chegava até mim, eu nunca daria conta de saber tudo o tempo todo. Estaria sempre um passo atrás do que deveria estar ou imaginava que deveria estar.

Foi assim que me descobri sofrendo de infobesidade, com um acúmulo imensurável de informações que tomava conta da minha mente e me impedia de

Deixando a infobesidade para trás – seja infofitness

raciocinar e de agir conforme a minha própria decisão. Logo eu, especialista em tecnologia com tanto tempo de experiência criando o mundo digital, me vi sem saber o que fazer com tanta informação e tecnologia na minha frente. Eu precisava mudar e mudar o rumo da minha vida, pois, do modo como estava, eu não chegaria muito longe. Eu era uma pessoa que sofria da síndrome da infobesidade, de cansaço mental, não sabia dizer "não" para o que me era solicitado e não priorizava minhas atividades da melhor maneira possível.

Contudo, além de trabalhar com tecnologia, sempre fui focado em entender o comportamento humano pela perspectiva da ciência comportamental. Por conta desses interesses, comecei a aplicar conceitos da ciência do comportamento humano à minha vida no mundo digital, e isso me trouxe menos cansaço mental, mais equilíbrio entre a vida conectada e a desconectada, mais foco e concentração no que realmente importa, ou seja, mais consciência digital. Então comecei a tornar isso um método e a aplicá-lo primeiro em mim e depois em pessoas com desafios semelhantes aos meus. O resultado tem sido transformador, e espero que cada vez mais pessoas experimentem o que eu e muitos já conhecemos: uma vida digital consciente.

Já se passaram mais de duas décadas desde que comecei a trabalhar no meio digital, e sempre usei a tecnologia e a consciência digital com o objetivo de ajudar os outros. Sigo o que creio ser minha missão: todos precisamos ter autocontrole e consciência do poder que o mundo digital exerce em nossas vidas. Neurociência e tecnologias inovadoras devem trazer bem-estar, em vez de manipular e aumentar o estresse e a ansiedade. Por isso, precisamos entender o que realmente importa e ter equilíbrio entre o on-line e o off-line.

O sucesso do método infofitness acabou me levando a desenvolver o sonho de ser bilionário. Mas não em termos financeiros. Meu propósito é causar impacto na vida de, pelo menos, 1 bilhão de pessoas. Esse desejo não nasceu do nada e, para contextualizar, vou contar um pouco da minha história.

Tome as rédeas da sua vida digital

Não controlar nossa vida digital é como chegar a um restaurante com sistema de rodízio e comer tudo que aparecer na nossa frente até, finalmente, nos darmos conta de que comemos uma porção de coisas que não queríamos comer.

Precisamos ter ciência de que a tecnologia é parte da nossa vida, não a nossa vida. E acredito que, se

Deixando a infobesidade para trás – seja infofitness

você está com este livro em mãos, é bem provável que sofra da síndrome da infobesidade. Está tomado pelo excesso de informações que o alcançam a um ritmo frenético e chegou à conclusão de que deve assumir o controle da sua vida digital e não se deixar ser controlado por ela.

Esta obra, portanto, surge em meio a essa demanda. É preciso mudar este cenário para que, de fato, o digital colabore com a nossa vida e nos traga algo de bom – porque se há uma coisa na qual acredito é que a tecnologia pode jogar a nosso favor, desde que usada da melhor maneira possível.

Em um modelo bastante similar às dietas nutricionais, minha proposta é que você, ao longo das próximas páginas, percorra um caminho repleto de tomadas de decisões e expansão de consciência que gere uma mudança significativa.

O processo exigirá de nós a disposição para fazermos diferente. E, por isso, o conteúdo que está prestes a ler irá direto ao ponto, pois não vou encher o livro de informações para além do necessário quando meu objetivo é ajudar você a se curar da avalanche de informações que toma conta da sua vida. O que você vai encontrar aqui terá base na neurociência, na ciência da saúde mental e da dependência tecnológica e, claro, no funcionamento das tecnologias.

Assuma o controle das suas telas

Assim, nas próximas páginas, você também encontrará um panorama sobre como tudo o que fazemos – desde a hora em que acordamos até o momento em que vamos nos deitar e, infelizmente, até de madrugada no meio do nosso sono – está relacionado ao meio digital e ao modo como interagimos com ele.

Perceba: em um mundo em que se é *obrigado* a tomar 35 mil decisões por dia,[1] aprender a usar a tecnologia para filtrar o que realmente importa faz a diferença no cotidiano e é um tremendo alívio para o cérebro. Ao fim do dia, em vez de sentir-se apenas exausto, você terá mais clareza das decisões que tomou, sentirá a mente mais descansada e ainda conseguirá se orientar melhor pelo que planeja fazer.

Eu não prometo melhorar a confiabilidade do conteúdo que chega até você, mas garanto que a qualidade do modo como o consome e como se orienta por ele estará muito mais segura, garantida e sob o seu controle.

Para isso, proponho um caminho de mudança e reconhecimento: nós só mudamos se reconhecemos o que precisa ser mudado. É fato que a tecnologia ocupa

---

[1] MARPLES, M. Decision fatigue drains you of your energy to make thoughtful choices. Here's how to get it back. **CNN Health**, 21 abr. 2022. Disponível em: https://edition.cnn.com/2022/04/21/health/decision-fatigue-solutions-wellness/index.html. Acesso em: 21 abr. 2023.

Deixando a infobesidade para trás – seja infofitness

boa parte da nossa vida, não há como fugir disso ou afirmar o contrário. Reconhecer esse ponto é o primeiro passo para que você saia da infobesidade.

Não quero nem acredito que seja possível levar uma vida completamente livre do digital, parar de usar e-mail, aplicativos, não fazer pesquisas em sites de busca como o Google, nunca mais usar o Waze para se locomover, não fazer mais compras on-line, não conhecer pessoas ou manter contato com conhecidos em redes sociais. Isso, eu sei, é radical demais e não é duradouro, pode até funcionar por alguns dias, mas não é para sempre.

O método infofitness não se propõe a ser milagroso nem mudar a sua vida da noite para o dia. Longe disso, tornar-se infofitness exige dedicação, estudo e desenvolvimento de habilidades que trabalhem por você e para você, ou seja, o que vale para você não necessariamente vale para o outro. Levando para o mundo da nutrição e das dietas alimentares, a proposta deste livro se aproxima de uma reeducação alimentar, na qual cada um, com o auxílio de um profissional, adapta a própria rotina aos objetivos para mudar o que não está de acordo.

Ao final do método, você estará pronto para dizer não para a sobrecarga de informação, terá criado a própria reeducação de informações e saberá usar

Assuma o controle das suas telas

a tecnologia a seu favor, com controle do seu tempo e das suas escolhas, podendo até abrir exceções de vez em quando; afinal, dieta saudável é aquela que não nos aprisiona, mas nos mostra que tudo pode, mas nem sempre.

Vamos juntos nessa jornada?

 Para acessar os links utilizados neste capítulo, aponte a câmera do seu celular para o QR Code.

DIGA NÃO PARA A SOBRECARGA DE INFORMAÇÃO E SAIBA USAR A TECNOLOGIA A SEU FAVOR.

@fabionudge

CAPÍTULO 1

ESTAMOS SENDO CONSUMIDOS PELAS INFORMAÇÕES QUE CONSUMIMOS?

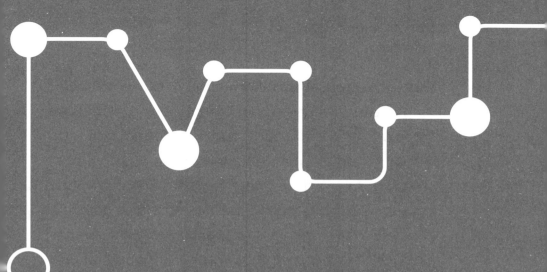

Vivemos a era da informação desde a década de 1950. Sim, a tecnologia e o mundo digital fazem parte da nossa vida desde muito antes do que imaginamos. Também conhecida, não por acaso, como era digital ou era tecnológica, a era da informação surge após as transformações pelas quais o mundo passou depois da Revolução Industrial e se contrapõe a quase tudo vivido, experimentado e criado no período anterior.

O petróleo e a eletricidade movem as nossas indústrias que antes eram movidas por carvão e vapor; novos modelos de negócios, relações profissionais e pessoais menos rígidas e não hierárquicas aparecem; e criações digitais, redes sociais e novos mecanismos

Assuma o controle das suas telas

tecnológicos passam a ser a estrutura da nossa sociedade. Tudo acontece no aqui e no agora, não mais no tempo da prensa e da apuração das informações. Tudo é rápido, imediato, e muda em questão de segundos.

Como você já deve imaginar, a era da informação não surgiu da noite para o dia. Aos poucos e devido a uma série de fatores, nos vimos diante de mudanças consideráveis, por exemplo, no pós-Segunda Guerra Mundial. Com um mundo em reconstrução, o interesse pelos estudos cresceu, o que gerou um aumento significativo de pessoas nas universidades e de livros publicados em larga escala e, o mais relevante, a criação da internet pelos militares em 1969, em plena Guerra Fria.

A criação da internet mudou tudo, uma vez que é a partir dela que as informações são veiculadas internacionalmente e de maneira muito rápida. E, assim, se tornou uma importante moeda de troca. Um artigo publicado pela revista *Forbes* cita uma pesquisa da Statista que estimou que, no ano de 2021, o mundo produziu 79 zettabytes de dados, sendo que um zettabyte tem 21 zeros: 1.000.000.000.000.000.000.000. Isso significa que, a cada hora, o mundo produziu mais bytes de dados do que a quantidade de grãos de areia na Terra.[2]

---

[2] BATCHELDER, W. With great data comes great responsibility. **Forbes**, 21 nov. 2022. Disponível em: https://www.forbes.com/sites/tableau/2022/11/21/with-great-data-comes-great-responsibility/?sh=7757303c6207. Acesso em: 21 abr. 2023.

Estamos sendo consumidos pelas informações que consumimos?

O modo como nós brasileiros nos relacionamos com essa avalanche de informações por meio da internet apresenta números assustadores. Um relatório divulgado pela Hootsuite[3] e pela We are social no ano de 2021 afirma que o brasileiro passou em média nove horas e dezessete minutos conectado por dia e, para complementar, outro levantamento feito pela App Annie[4] mostrou que, dessas quase dez horas, quatro horas e oito minutos são dedicadas às redes sociais nos smartphones. Além de passarmos horas surfando pelas redes sociais – TikTok e Instagram foram os apps mais baixados em 2021 e 2022 –, recebemos centenas de e-mails no trabalho e não damos conta de responder a todos diariamente, começamos a assistir a uma série na Netflix sem nem saber por que o conteúdo chegou à nossa lista de sugestões, vemos dezenas de horas de vídeos no YouTube e, segundos depois, não nos lembramos do que tratam...

---

[3] KEMP, S. Digital 2021: Brazil. **Datareportal**, 11 fev. 2021. Disponível em: https://datareportal.com/reports/digital-2021-brazil#:~:text=There%20were%20160.0%20million%20internet,at%2075.0%25%20in%20January%202021. Acesso em: 21 abr. 2023.

[4] LISBOA, A. App Annie revela os apps mais baixados de 2021, e o campeão não surpreende. **Canaltech**, 13 jan. 2022. Disponível em: https://canaltech.com.br/apps/app-annie-revela-os-apps-mais-baixados-de-2021-e-o-campeao-nao-surpreende-206540/. Acesso em: 21 abr. 2023.

A CADA HORA, O MUNDO PRODUZIU MAIS BYTES DE DADOS DO QUE A QUANTIDADE DE **GRÃOS DE AREIA** NA TERRA.

@fabionudge

Estamos sendo consumidos pelas informações que consumimos?

Outra pesquisa, dessa vez realizada pela International Stress Management Association Brasil,[5] mostra que cerca de 60% dos brasileiros se sentem sobrecarregados de tarefas ao longo do dia. Não por acaso, essa sobrecarga é resultado de um acúmulo de informações gerado e acessado durante o dia, como mostra o levantamento feito pela LTMG, publicado pelo site eDiscovery Today,[6] que consegue medir o que acontece em sessenta segundos na internet. A imagem a seguir[7] mostra a quantidade de informações geradas em apenas um minuto. A sobrecarga tem razão de ser, já que, para se ter uma ideia, 241 milhões de e-mails são enviados em um minuto – o que, em 24 horas, chega à marca de 347 bilhões de e-mail enviados.

---

[5] COMO a gestão do tempo garante mais entregas e menos dores de cabeça. **Zenklub**, 22 dez. 2021. Disponível em: https://zenklub.com.br/blog/trabalho/gestao-do-tempo/. Acesso em: 21 abr. 2023.

[6] FONTOURA, J. O que acontece na internet durante um minuto em 2021? **GeekFail**, 14 ago. 2021. Disponível em: https://www.geekfail.net/2021/08/o-que-acontece-na-internet-durante-um-minuto-em-2021.html. Acesso em: 21 abr. 2023.

[7] PICKERT, L. O que acontece a cada minuto na Internet em 2021? Estudo traz dados surpreendentes. **AAA Inovação**, 10 ago. 2021. Disponível em: https://blog.aaainovacao.com.br/redes-sociais-gestao-do-tempo/. Acesso em: 21 abr. 2023.

Assuma o controle das suas telas

O que acontece em um minuto na internet em 2023

Adaptado de eDiscovery Today e LTMG por infobesidade.com.br.

Muitas vezes, não percebemos que estamos vivendo assim: em meio ao digital e a tantas informações e tão focados nas telas e em tudo o que elas nos oferecem. Faz parte da nossa rotina. É natural recebermos milhares de e-mails, mensagens, curtidas, o celular ficar cheio de notificações e termos todos os nossos dados

Estamos sendo consumidos pelas informações que consumimos?

registrados e armazenados em aplicativos e bancos de dados digitais. Tudo é digital, tudo é tecnologia, ainda que alguns de nós tentem dizer o contrário.

Nossa vida está no digital, não há mais como negar. O celular se tornou um elemento inerente à nossa existência, não fazemos nada sem ele, tanto que um estudo realizado por um grupo de pesquisadores da Alemanha, da Universidade de Heidelberg, mapeou o efeito do uso excessivo desses dispositivos em nosso corpo, e a conclusão é chocante: o uso compulsivo do smartphone causa a diminuição da massa cinzenta do cérebro, que é a mesma consequência provocada pelo uso contínuo da cocaína.[8] O dano é grave, uma vez que a massa cinzenta é responsável pela visão, audição, fala, controle muscular e saúde mental. Além disso, não só passamos cada vez mais horas conectados e de olho no celular mas também o acesso aos smartphones acontece cada vez mais cedo e com mais intensidade – cerca de 24% das crianças americanas entre 8 e 12 anos já têm o próprio celular.

---

[8] RODDICK, R. Celular pode viciar tanto quanto cocaína e outras drogas, aponta estudo. **Techtudo**, 23 fev. 2020. Disponível em: https://www.techtudo.com.br/noticias/2020/02/celular-pode-viciar-tanto-quanto-cocaina-e-outras-drogas-aponta-estudo.ghtml. Acesso em: 21 abr. 2023.

Assuma o controle das suas telas

E não para por aí: se a situação já era alarmante, fica ainda mais preocupante quando se analisa o acesso das crianças aos games. Uma pesquisa publicada pela Globo Gente[9] mostra que 87% das crianças jogam no celular e, destes 87%, 64% preferem o dispositivo para essa atividade. E, para finalizar, o acesso a esses jogos, a descoberta de novos games, também se concentra em celulares e aplicativos: 56% descobrem novos games em canais especializados no YouTube e 45% na loja de aplicativos, o que evidencia o tempo que as crianças passam no celular e navegam por ele.

Na era da informação, tudo se reinventa e passa por mudanças significativas e constantes, e nós, seres humanos, temos de nos adaptar a isso ou seremos engolidos por elas. E é aí nesse quase ato de atropelamento das transformações pelas quais o mundo passa diariamente que nos encontramos. Qual é, afinal, o nosso papel diante de tanta informação? Existe algum caminho para tomarmos o controle de tudo o que acontece ao nosso redor?

---

[9] O ACESSO e o perfil tecnológico das crianças. **Globo Gente**, 2022. Disponível em: https://gente.globo.com/estudo-jogos-digitais-infantis-um-universo-de-possibilidades-no-desenvolvimento-das-criancas/. Acesso em: 21 abr. 2023.

Estamos sendo consumidos pelas informações que consumimos?

Qual é, afinal, o nosso papel diante de tanta informação?

Durante muito tempo, me dediquei a encontrar essa resposta. E, mais do que tentar achar a fórmula secreta ou a resposta de 1 milhão de dólares que mudaria toda a minha existência, eu tinha um único desejo muito claro: melhorar a minha vida e fazer a informação trabalhar por mim. Eu sentia que havia algo que precisava ser mudado, que algo não ia bem, mas eu não sabia muito bem o que era e muito menos conseguia entender o que fazia de errado.

Eu não vivi o outro lado da era digital, o meu mundo já nasceu tecnológico. É verdade que sou da geração que teve de se adaptar à internet e, como bom *millennial* que sou, logo me vi um usuário frenético do digital. Tudo passou a ser digital para mim, minha vida se concentrou em telas, e-mails, computadores, agendas eletrônicas, celulares. E, em um movimento quase natural, o mundo fora das telas quase deixou de existir. Eu me encontrei e me adaptei – muito bem, obrigado, tanto que trabalho com tecnologia e amo – ao digital.

Ao mesmo tempo, passei pelo início de tudo. Sou da geração que fez pesquisas para trabalhos de escola em enciclopédias e usou a internet discada e, mais que isso, desconfiou das informações que o Google apresentava.

Assuma o controle das suas telas

Na verdade, vou confessar que eu já usei o Cadê?, que foi o primeiro site de buscas brasileiro criado em 1995.

Como contei no início deste livro, sou de uma cidade bem pequena, Pombal, do interior da Paraíba. Passei toda a minha infância e adolescência lá, onde só havia uma banca de jornal, que recebia uma única revista *Supergame*, com dicas de atalhos para jogos de videogame. Sim, não é exagero da minha parte: era mesmo só um exemplar. Nessa época, eu jogava com meus amigos e, claro, entre nós havia certa competição para ver quem conseguiria comprar a revista do mês.

Eu levava o assunto muito a sério e, no dia de chegada da revista, ficava esperando a entrega na frente da banca. Afinal, quem comprasse se tornava o único jogador que saberia como, por exemplo, dar um golpe do Fulgore no *Killer Instinct*, um dos jogos que eu jogava. Portanto, ter acesso àquela única revista, àquela informação escassa, fazia toda diferença na época.

Hoje, não mais. O acesso à informação virou algo comum e banal. Todo mundo fica sabendo das mesmas coisas ao mesmo tempo, e, mais do que isso, o que se sabe hoje pode não fazer sentido amanhã. O acesso à informação não é mais um diferencial no mundo contemporâneo, mas, sim, saber filtrar o que realmente importa para você; é isso que faz diferença.

Estamos sendo consumidos pelas informações que consumimos?

E se hoje acho natural saber o que acontece no Chile, nos Estados Unidos, na Inglaterra e na Austrália no mesmo segundo, tenho plena consciência de que nem sempre foi assim. Este é o poder da internet: o imediatismo e a agilidade das informações fazem parte da nossa rotina a tal ponto que nem sequer nos damos conta disso.

E as perguntas que ficam são: será que me adaptei a esta era? Será que tudo é tão natural e imediato quanto parece? Será que o meu cérebro consegue dar conta de tudo e absorver tudo o que aparece na minha frente?

Obviamente, a resposta é não. O cérebro humano, por mais rápido e elástico que seja e por mais que apresente uma capacidade imensa de mudar e de se adaptar a inúmeras mudanças externas, não acompanha a velocidade da tecnologia.[10] Nós nos tornamos, portanto, reféns da informação e, mais do que isso, perdemos o controle do volume de informações que chega até nós.

Já se deu conta disso?

---

[10] GLOBO, A. O. Camila Ghattas: 'Nosso cérebro não acompanha o desenvolvimento da tecnologia'. **Época Negócios**, 17 maio 2018. Disponível em: https://epocanegocios.globo.com/Tecnologia/noticia/2018/05/camila-ghattas-nosso-cerebro-nao-acompanha-o-desenvolvimento-da-tecnologia.html. Acesso em: 6 maio 2023.

É IMPOSSÍVEL DAR CONTA DE TUDO E, MAIS DO QUE ISSO, NÃO PRECISAMOS DAR CONTA DE TUDO.

@fabionudge

Estamos sendo consumidos pelas informações que consumimos?

O mundo pós-pandemia de covid-19

No ano de 2020, quando teve início a maior pandemia do século XXI, a de covid-19, inesperadamente a humanidade se viu diante de um vírus desconhecido para o qual não existia vacina, e que ninguém sabia ao certo o que podia causar ao corpo. O medo tomou conta de nós e tudo parou até a vacina ser criada. Cidades inteiras pararam, pessoas ficaram em casa, não se podia sair para nada, nem para trabalhar. E, mais uma vez, a era da informação nos proporcionou uma nova mudança.

Todos tivemos a vida transformada, em maior ou menor medida, e não podemos ignorar o que esse período nos causou. Tivemos de nos adaptar e aprender a conviver com o desconhecido, com o novo e com o perigo. Nosso mundo passou a se concentrar na nossa casa. E foi aí que diversas mudanças que já vinham sendo planejadas precisaram ganhar força e velocidade.

O trabalho remoto passou a ser regra para diversas profissões, afinal, se ninguém podia ir ao escritório, que as casas se transformassem em escritório, o famoso home office. E isso alavancou processos de trabalho que tinham hora para começar, mas não para terminar. A comunicação passou a ser feita à distância, com equipes inteiras em casa, gestores sendo obrigados a mudar o gerenciamento de pessoas, tendo de moldar a comunicação para que fosse clara e objetiva.

Assuma o controle das suas telas

Muito do que acontecia no presencial, o olho no olho e a ideia de que algumas coisas só se resolvem pessoalmente, teve de ser ressignificado. Afinal, mudava-se o jeito de fazer, mas não se mudava a entrega. Ao contrário, quanto mais fosse entregue, mais garantia havia, ou pensava-se que havia, de garantir o trabalho.

Ligações por vídeo, excesso de horas no computador, o medo do desconhecido, a necessidade de se fazer presente e de mostrar trabalho além do que já se mostrava nos transformaram em pessoas ultraconectadas e dependentes das telas. O uso da internet, para dizer a verdade, só vem aumentando, e o Brasil não fica de fora dessa estatística, sendo o segundo país do mundo que mais usa a internet por dia (nove horas e 32 minutos), perdendo apenas para a África do Sul por uma diferença de seis minutos.[11]

Alguns dados do início de 2023[12] comprovam isso:

- Havia 181,8 milhões de usuários de internet, isto é, 84,3% da população do país.

---

[11] PETROSYAN, A. Daily time spent online by users worldwide 2022, by region. **Statista**, 14 fev. 2023. Disponível em: https://www.statista.com/statistics/1258232/daily-time-spent-online-worldwide/. Acesso em: 21 abr. 2023.

[12] KEMP, S. Digital 2023: Brazil. **Datareportal**, 12 fev. 2023. Disponível em: https://datareportal.com/reports/digital-2023-brazil. Acesso em: 21 abr. 2023.

Estamos sendo consumidos pelas informações que consumimos?

- O Brasil abrigava 152,4 milhões de usuários de redes sociais, número equivalente a 70,6% da população total.
- Um total de 221 milhões de conexões móveis celulares estavam ativas no Brasil no início de 2023, ou seja, 102,4% da população. O país possui 215,8 milhões de habitantes, o que mostra que há mais conexões de internet móveis do que pessoas.

Nós nos tornamos pessoas esgotadas, exaustas. Tudo estava em excesso e tudo fugia do nosso controle. Lembro que, nesse período, o meu cansaço era extremo e, apesar de a minha entrega também ser gigantesca, eu seguia com a sensação de não estar fazendo o suficiente, de não estar dando conta.

E a verdade é que eu não estava mesmo. Sejamos sinceros: é impossível dar conta de tudo e, mais do que isso, não precisamos dar conta de tudo.

Tudo o que eu queria naquele contexto – e imagino que você também tenha experienciado algo semelhante, uma vez que todos vivemos a pandemia – era descobrir a causa do meu cansaço para conseguir descansar. Eu já sabia que não estava dando conta de tudo e, à noite, na hora de dormir, o que eu tinha vivido no dia ficava rondando a minha cabeça, na falsa ideia de que naquele momento eu seria capaz de resolver tudo. No dia seguinte, minha mente estava

ESTAR ATENTO A SI MESMO E AOS **SINAIS DO CORPO** PODE SALVÁ-LO DE ALGO PIOR. NÃO DEIXE DE PROCURAR AJUDA E APOIO.

@fabionudge

Estamos sendo consumidos pelas informações que consumimos?

mais cansada ainda, e a sensação de não dar conta era maior. O foco no trabalho ficava cada vez mais difícil e, cada vez menos, eu conseguia me concentrar nas tarefas que fazia com tranquilidade.

Com dezenas de abas abertas no navegador, e-mails não respondidos, infinitas reuniões, nenhum tempo para pausas e mais demandas chegando a mim, eu estava à beira de um burnout. E eu só me dei conta disso porque essa sensação de cansaço extremo e de incapacidade para entregar tudo o que eu precisava entregar não passava. Eu tinha me tornado um refém da tecnologia e, ironicamente, trabalhava com ela.

43

O QUE É BURNOUT?

Segundo o Ministério da Saúde,[13] burnout ou síndrome do esgotamento profissional é um distúrbio emocional com sintomas de exaustão extrema, estresse e esgotamento físico resultantes de situações de trabalho desgastante que demandam muita competitividade ou responsabilidade. A síndrome pode resultar em um quadro de depressão profunda e, por isso, a qualquer sintoma é preciso procurar um profissional da área de saúde.

Logo, se você se identificar com um ou mais sintomas desta lista, o sinal de alerta deve ser acionado. São eles:

---

[13] S – Saúde de A a Z. **Ministério da Saúde**. Disponível em: https://www.gov.br/saude/pt-br/assuntos/saude-de-a-a-z/s/sindrome-de-burnout. Acesso em: 21 abr. 2023.

Assuma o controle das suas telas

- Cansaço excessivo, tanto físico quanto mental;
- Dor de cabeça frequente;
- Alterações no apetite;
- Insônia;
- Dificuldades de concentração;
- Sentimentos de fracasso, insegurança, derrota, desesperança e incompetência;
- Negatividade constante;
- Alterações repentinas de humor;
- Isolamento;
- Fadiga;
- Pressão alta;
- Dores musculares;
- Problemas gastrointestinais;
- Alteração nos batimentos cardíacos.

Normalmente, esses sintomas surgem de maneira leve no início e tendem a aumentar com o decorrer dos dias. Por conta disso, muita gente acredita que é passageiro e não procura ajuda profissional.

Estar atento a si mesmo e aos sinais do corpo pode salvá-lo de algo pior. Não deixe de procurar ajuda e apoio. Psicólogos e psiquiatras são os profissionais indicados para a identificação do burnout e, consequentemente, encaminhamento e tratamento. Na maior parte das vezes, psicoterapias, atividades físicas e alimentação são os caminhos para a cura, mas, em alguns casos, é preciso o uso de medicamentos.

Estamos sendo consumidos pelas informações que consumimos?

> Lembre-se: se não estiver com a saúde em dia, você não conseguirá trabalhar e, portanto, de nada vale se sobrecarregar e não conseguir ter resultados. A longo prazo, a conta chega e ela pode ser alta demais.

A infobesidade

Em meio a esse contexto de quase burnout, eu me dei conta de que, assim como o nosso corpo se transforma com o excesso de comidas e com uma alimentação completamente desregrada, a nossa mente também muda. E muda drasticamente.

Minha rotina começava pela manhã, com exercício físico e café da manhã. E ouso dizer que essas primeiras horas eram os únicos momentos do dia que eu tinha de dedicação exclusiva a mim. Depois disso, era trabalho, trabalho e trabalho, sem pausas. Na minha cabeça, quanto mais eu me dedicasse, mais trabalhasse sem parar, mais eu reduziria a sensação de não conseguir gerar resultados.

Estava enganado. Quanto mais eu fazia, menos parava, mais eu me sentia cansado e incapaz de dar conta. Enquanto isso, meu cérebro de fato não era capaz de sequer respirar, de raciocinar para conseguir fazer tudo.

Assuma o controle das suas telas

Um estudo publicado recentemente pelo Cell Reports e feito pelo Instituto Nacional de Saúde dos Estados Unidos (NIH, em inglês),[14] do qual o brasileiro Leonardo Claudino é coautor, afirma que, ao contrário do que pensa o senso comum, o cérebro aprende mais quando é exposto a pequenas pausas, pois ele as usa para repassar em supervelocidade tudo o que acabou de aprender, reforçando a informação recém-adquirida. Isso, como mostra a pesquisa, reforça a conexão dos neurônios das áreas associadas à memória nova.

Antes mesmo da realização desse estudo, os pesquisadores já sabiam que o cérebro humano precisa de pausa para consolidar a memória. Esse processo era reservado ao sono e, por esse motivo, há muito tempo dormir bem é uma das recomendações para uma vida saudável. A pesquisa citada acrescenta um fato novo: as noites de sono ainda são uma ferramenta importantíssima na manutenção da nossa boa memória, mas não são suficientes no que se refere à prática imediata das nossas atividades. Logo, pequenas pausas são cruciais para a realização eficaz das nossas atividades rotineiras.

---

[14] IDOETA, P. A. Os pequenos descansos que ajudam cérebro a aprender coisas novas. **BBC News Brasil**, 26 maio 2022. Disponível em: https://www.bbc.com/portuguese/geral-61514417. Acesso em: 23 abr. 2023.

Estamos sendo consumidos pelas informações que consumimos?

Um estudo de neurociência realizado pela Microsoft também comprovou que as pausas são mais do que necessárias.[15] Por meio de aparelhos de eletroencefalograma monitorando o cérebro de pessoas, mostrou que reuniões em sequência, sem intervalos, são estressantes e podem diminuir a capacidade de concentração. O mundo que se instaurou durante a pandemia de covid-19, em alguns pontos, fez com que nosso modo de trabalho se modificasse, mas o que mais vemos são horas ininterruptas de reuniões, de trabalho diante das telas.

De acordo com relatórios da i.e. Smart Systems[16] e TrustRadius,[17] o tamanho do mercado de videoconferência, o lugar onde se faz reunião em telas, atingiu o pico de 6,28 bilhões de dólares em 2021 e aumentou cerca de 20% em 2022, com um total de 7,71 bilhões de dólares, e uma perspectiva de chegar a 50 bilhões de dólares em 2026.

---

[15] PESQUISAS comprovam que o cérebro precisa de intervalos. **Microsoft**, 20 abr. 2021. Disponível em: https://news.microsoft.com/pt-br/relatorio-de-atuacao-investigacao-do-cerebro/. Acesso em: 23 abr. 2023.

[16] FASCINATING video conferencing statistics | 2022 data. **i.e. Smart Systems**, 9 nov. 2022. Disponível em: https://iesmartsystems.com/video-conferencing-statistics. Acesso em: 23 abr. 2023.

[17] SADLER, M. 84 current video conferencing statistics for the 2021 market. **TrustRadius**, 1º jul. 2021. Disponível em: https://www.trustradius.com/vendor-blog/web-conferencing-statistics-trends. Acesso em: 23 abr. 2023.

Assuma o controle das suas telas

Não é raro ouvirmos relatos de pessoas que começam o dia de trabalho em um horário e não sabem a hora que ele acaba e, por vezes, não se lembram de levantar nem para comer ou tomar água.

Esse estudo tinha como objetivo mapear o nível de estresse causado pelas infinitas horas de reunião, mas foi além: chegou à conclusão dos benefícios que pequenas e diversas pausas ao longo do dia podem nos trazer. Vamos ver alguns a seguir:

- Implementar pequenas pausas entre as reuniões permite que o cérebro "reinicie", o que alivia o nível de estresse;
- Fazer intervalos ajuda a melhorar (e aumentar) o engajamento no trabalho;
- Inserir uma pausa entre uma reunião e outra pode reduzir os picos de estresse e, com isso, diminuir desentendimentos.

Fica claro, assim, que fazer pequenas pausas ao longo do dia é o melhor remédio para reduzir o cansaço mental. Mas tudo o que eu não conseguia naquela época era abrir espaço para essas pausas no meu dia a dia. Para mim, e penso que para a maioria de nós, elas eram uma besteira e me fariam atrasar as entregas. E, sem pausas, eu não só não conseguia

Estamos sendo consumidos pelas informações que consumimos?

chegar à excelência na realização das minhas atividades como também não conseguia controlar as informações que chegavam a mim. Tudo era importante, tudo era fundamental.

A infobesidade não é apenas o resultado do excesso de informações; é também o nosso descontrole e a nossa falta de filtros diante delas. As informações me consumiam, e eu, falsamente, mantinha ativa a ideia de que, sem pausar e sem filtrar tudo o que chegava a mim, eu estava assimilando tudo, aprendendo tudo, dando conta de tudo. E, ainda, estava à beira de um burnout e vivia estressado e irritado sem saber a razão.

Quem sofre da síndrome da infobesidade tem a sensação de não caber no espaço e não saber o motivo. O desejo de mudar e de descansar sempre está no topo da lista dessas pessoas, mas, apesar disso, não sabem o que fazer para isso, pois tudo importa e é urgente. E, sim, há uma diferença significativa entre o que é importante e o que é urgente, e entender isso é um dos caminhos para que você se mantenha na vida infofitness, com o controle das informações que chegam a você. Esse conceito será apresentado no capítulo 7, e eu espero que, até lá, você já tenha passado por etapas do método que vão conscientizar você da dieta da informação.

Assuma o controle das suas telas

A boa notícia é que você não está sozinho nessa jornada, e a notícia melhor ainda é que há saída. Por enquanto, basta que, além da leitura deste livro, você se mantenha atento a si mesmo e ao modo como se relaciona com as informações. E, claro, tente manter uma boa rotina de sono, atividades físicas regulares e, a qualquer sinal diferente, procure um médico.

A cura da síndrome da infobesidade e a entrada no mundo infofitness é o que você encontrará nos próximos capítulos.

> **• • • CAPÍTULO MASTIGADO**
>
> 1. Era da informação x era da internet.
> 2. Quais são os benefícios e os malefícios da internet?
> 3. O que é infobesidade e por que ela pode prejudicar a nossa saúde mental?

Para acessar os links utilizados neste capítulo, aponte a câmera do seu celular para o QR Code.

FAZER PEQUENAS PAUSAS AO LONGO DO DIA É O MELHOR REMÉDIO PARA REDUZIR O CANSAÇO MENTAL.

@fabionudge

CAPÍTULO

2

SOMOS REFÉNS DO NOSSO TEMPO E DO EXCESSO DE TECNOLOGIA

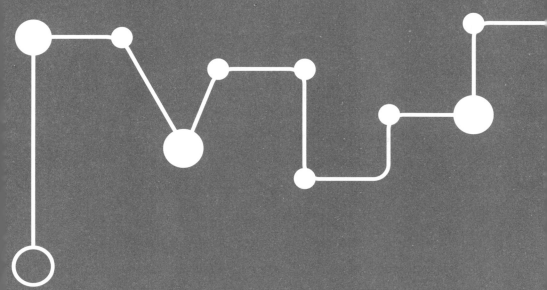

Você precisa ser um profissional multifacetado, ter habilidade para fazer várias coisas ao mesmo tempo, ter a mínima noção do todo, conhecer muito bem a sua área e se dedicar a saber um pouco sobre cada uma das outras, estar presente em tudo. Fazer-se visto para ser lembrado...

E por aí vai.

O mundo hoje nos estimula a agir como as informações: na maior velocidade possível, trazendo novidades a cada mês, a cada formação profissional. É isso ou o mercado nos engole. É isso ou somos substituídos.

Mas o dia só tem 24 horas, e, nesse tempo, ainda precisamos dar conta de dormir e ter o mínimo de lazer. É impossível sobreviver a tanta pressão.

Assuma o controle das suas telas

Com mais perguntas do que respostas, dou início a este capítulo. E já abro com a pergunta de milhões, a que não quer calar, e para a qual, talvez, nenhum de nós tenha a resposta certa, na ponta da língua: Como conseguir dar conta de tudo em apenas 24 horas?

Vivemos em uma sociedade ultrarrápida e ultraconectada. O que existe hoje pode não existir amanhã. As coisas mudam muito mais rápido do que somos capazes de prever. Em um piscar de olhos, o que servia já não serve mais. E é neste mundo caótico que nos encontramos e nos tornamos reféns do próprio tempo.

E se já havia sensação de passagem do tempo tão veloz, no mundo pós-pandemia esse sentimento ficou ainda maior e mais evidente. A ideia de que tudo vai muito além do que conseguimos acompanhar virou uma constante no nosso dia a dia. Não por acaso, cientistas explicam o fenômeno, afirmando que o mundo se reorganiza de maneira diferente. Em outras palavras, passamos do mundo VUCA (volátil, incerto, complexo, ambíguo) para o mundo BANI (frágil, ansioso, não linear, incompreensível).[18]

---

[18] CELANI, S. Mundo Vuca e mundo Bani. **Sistema Cofeci Creci**, 31 maio 2022. Disponível em: https://www.cofeci.gov.br/post/mundo-vuca-e-mundo-bani. Acesso em: 23 abr. 2023.

Somos reféns do nosso tempo e do excesso de tecnologia

VUCA vs. BANI

1980
Após a Guerra Fria

2020
Após a pandemia

Volatile......................**Volátil**

Uncertain...................**Incerto**

Complex......................**Complexo**

Ambiguous..................**Ambíguo**

B rittle......................**Frágil**

A nxious........................**Ansioso**

N on-linear.....................**Não linear**

I ncomprehensible.....**Incompreensível**

O mundo VUCA evoluiu para o mundo BANI.

O desejo de dar conta de tudo, de estar em todos os lugares e de saber de tudo antes de qualquer pessoa ao nosso redor é parte do sentimento que comanda a nossa vida hoje. Temos de ser os melhores, temos de fazer tudo, temos que entregar, temos de estar em tudo, temos de saber de tudo. Mas será que é humanamente possível dar conta de tudo em apenas 24 horas como queremos e como esperam de nós?

Todos nós sabemos que dar conta de tudo e querer abraçar o mundo é impossível; mais do que isso,

Assuma o controle das suas telas

não é saudável, faz mal e causa sérios danos à saúde física, mental e emocional. Apesar de sabermos disso e de estarmos, muitas vezes, à beira de um burnout, simplesmente não paramos de acreditar no contrário, não paramos de acreditar que somos, sim, capazes de abraçar o mundo em apenas um dia.

Não é à toa que isso acontece. A humanidade evoluiu tanto nos últimos tempos que a tecnologia ultrapassa qualquer cálculo capaz de medir o quanto ela se faz presente na nossa rotina. Em outras palavras, a vida humana não existe mais sem a tecnologia, e sim em paralelo a ela, com o apoio dela, por ela e através dela.

Absolutamente tudo o que fazemos hoje tem, em algum ponto, um encontro com a tecnologia. Um artigo da Allwomensalk[19] fala sobre sete tecnologias que não conseguimos nos imaginar sem, e a número um é a internet. Já um relatório da Datareportal[20] mostra o crescimento exponencial da quantidade de usuários de internet em vinte anos:

---

[19] KNIGHTSTEP, J. 7 technologies we can't live without. **Allwomenstalk**. Disponível em: https://allwomenstalk.com/7-technologies-we-cant-live-without/. Acesso em: 23 abr. 2023.

[20] KEMP, S. Looking ahead: key digital themes for 2023. **Datareportal**, 7 out. 2022. Disponível em: https://datareportal.com/reports/looking-ahead-to-what-2023-holds. Acesso em: 23 abr. 2023.

Somos reféns do nosso tempo e do excesso de tecnologia

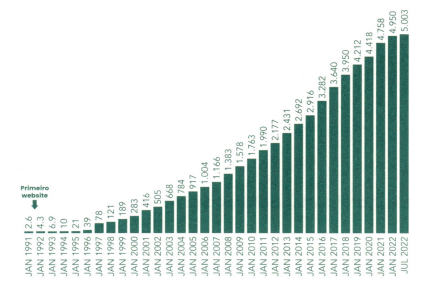

Quero que você faça agora o exercício mental de imaginar a vida sem internet e sem as outras tecnologias citadas no artigo da Allwomenstalk, como os smartphones para nos comunicar uns com os outros e receber informações e notícias. Aplicativos para ouvir músicas. Smart TVs para assistir a filmes, séries, novelas, jornais, reality-shows. Câmeras digitais, incluindo as que já vêm nos nossos smartphones, para registrar momentos com fotos e vídeos. GPS e aplicativos como Google Maps e Waze para nos guiar de um lugar para

Assuma o controle das suas telas

outro e nos informar sobre as condições de trânsito. Já imaginou a vida sem essas tecnologias?

Para ter a real dimensão do que estamos falando, basta observar com atenção o que ocorre ao longo de um dia da sua vida. Vou começar descrevendo um dia da minha e, em seguida, deixar um espaço para que você pare e dedique um tempo para fazer o mesmo exercício, combinado?

Minha vida tecnológica em um dia

Meu dia começa bem cedo. Muitas vezes, antes mesmo de o sol nascer, o meu despertador toca, me avisando que é hora de acordar. Quando digo despertador, entenda smartphone, e não aquele relógio analógico que vivia se atrasando por conta de pilha velha. Não tem atraso com o celular: na hora programada, ele começa a tocar e, de modo bem organizado, com a ajuda de um app, toca insistentemente até que eu acione o botão de parar. Ou seja, mesmo que eu tente, a tecnologia dificulta a minha permanência na cama.

Acordo, então. Eu me levanto, me troco, tomo um pré-treino e vou direto para o crossfit, mas antes eu entro no app para ver quem vai treinar no mesmo horário que eu e qual é o plano do dia de hoje. Não vou

Somos reféns do nosso tempo e do excesso de tecnologia

sem antes colocar o smartwatch no braço ou acionar um app no meu celular que possa contar as calorias que gasto naquela hora de atividade física. Assim, tenho controle do esforço que fiz, da minha frequência cardíaca, do quanto falta para gastar todas as calorias definidas para o meu dia para que eu siga a dieta. Treino concluído, volto para casa ouvindo a minha playlist ou um podcast. O Fabio do passado deixa registrado o que quer ouvir nas horas certas do dia – sim, tem app para isso também! E, com isso, consigo conciliar estudo, atualizações e relaxamento. Em casa, tomo banho e preparo o meu café. Depois, leio algumas notícias, respondo a mensagens que recebi enquanto o celular estava em modo avião para não atrapalhar o meu sono, checo os primeiros e-mails do dia, já categorizados por ordem de prioridade, confiro a minha agenda e, então, começo a trabalhar.

Na maior parte das vezes, trabalho em casa, remotamente, e, por conta disso, conto com o apoio de alguns aplicativos que me lembram de diversas ações importantes como tomar água, me levantar para alongar, fazer pequenas pausas ao longo do dia, sair de frente da tela, mudar o ambiente e, então, retomar o foco do trabalho.

À frente de muitas equipes, meu dia se divide em diversas reuniões, e meu e-mail recebe uma quantidade

Assuma o controle das suas telas

imensa de mensagens por dia. Por esses motivos, também conto com algumas ferramentas que me ajudam a ter janelas de intervalo entre uma *call* e outra e a saber priorizar tarefas e leituras.

Algumas vezes, na correria do dia a dia, acabo pedindo comida e, claro, uso o aplicativo para isso. Fila em banco não tem vez comigo: todas as minhas contas são pagas on-line e os investimentos também são administrados dessa maneira.

À noite, vejo um pouco de TV por meio de algum streaming como Netflix, Amazon Prime ou Globoplay ou saio para me distrair e comer alguma coisa, mas, antes de decidir o restaurante ao qual vou, entro em um aplicativo que me mostra algumas ideias de lugares interessantes à minha volta, com promoções e pratos diferentes, por meio da tecnologia da geolocalização, que sabe onde estamos e o que tem em nosso entorno.

Esse é o resumo de um dia bastante comum na minha vida. Repete-se quase diariamente. Não tem como escapar da tecnologia. Sem ela, uma série de coisas não funcionaria, e eu não teria a agenda tão organizada como tenho hoje.

No passado, por ser um usuário hardcore de tecnologia, eu acreditava que dava conta de tudo. Eu não tinha controle do meu tempo, não sabia priorizar

NÃO É PORQUE VOCÊ NÃO SABE MEXER COM TECNOLOGIA QUE A TECNOLOGIA NÃO MEXE COM VOCÊ.

@fabionudge

Assuma o controle das suas telas

tarefas, tudo era importante, tudo era urgente, minha caixa de e-mail vivia lotada, e isso só aumentava a minha sensação de não dar conta das demandas e me fazia querer ler tudo antes que o dia terminasse, o que resultava em diversas tarefas começadas e não terminadas. Eu vivia num verdadeiro caos tecnológico.

Perceba: não é porque você não sabe mexer com tecnologia que a tecnologia não mexe com você.

A descoberta de ferramentas e do método que deu origem a este livro só ocorreu porque eu me vi à beira de um abismo. E consegui sair dele. Meu dia hoje é cheio de tecnologia, mas não me causa mais mal--estar, estresse e ansiedade. Aprendi a usar a tecnologia a meu favor.

O convite para que você faça o exercício a seguir, de olhar com atenção para o seu dia, antecipa a primeira fase do método infofitness, uma vez que, para deixar de sofrer da síndrome da infobesidade, você precisa reconhecer o problema. A ideia é que reflita sobre quem você é e como tem vivido no mundo digital, dentro dele, com ele e por meio dele. Você precisa ser parte do problema para enxergar o problema, porque, do contrário, tudo continua fazendo sentido como é, porque a tecnologia está em tudo mesmo.

Então, como é o seu dia?

Somos reféns do nosso tempo e do excesso de tecnologia

ESCREVA AQUI, SEM MEDO, COMO É UM DIA NA SUA VIDA. ONDE ESTÁ A TECNOLOGIA? PROCURE SER O MAIS DETA- LHISTA POSSÍVEL.

A tecnologia está em tudo, mas você não precisa estar

Parece quase desnecessário explicar que o nosso mundo físico está junto e misturado com o mundo

Assuma o controle das suas telas

digital. São smartphones cheios de aplicativos para tudo, tablets, computadores, sensores, *wearables*, realidade virtual e aumentada, carros que dirigem sem motoristas e até espelhos que falam conosco. Já existe tecnologia que:

- Dirige carros;
- Julga se réus são culpados ou inocentes;
- Faz o diagnóstico de doenças;
- Corrige redações;
- Investe na bolsa de valores;
- Analisa plantações;
- Reconhece imagens melhor do que humanos;
- Identifica emoções de humanos;
- Conduz orquestras;
- Controla os eletrodomésticos de uma casa;
- Reproduz imagens com base na inteligência artificial (IA);
- Mapeia os nossos gostos e interesses;
- Organiza dados;
- Otimiza logísticas e estoques de grandes empresas.

E, como você sabe, essa lista pode aumentar e muito se eu fizer uma busca rápida on-line; na verdade, ela cresce a cada dia, a cada mês, a cada ano. Enquanto eu escrevo este livro, o assunto mais quente do

Somos reféns do nosso tempo e do excesso de tecnologia

momento relacionado à tecnologia é o ChatGPT, uma inteligência artificial em forma de robô conversador, um *chatbot* que "vem recebendo elogios como 'fenômeno', 'assustador' e 'ameaça real ao Google'" de acordo com um artigo do portal de notícias G1.[21]

Diferentemente de um site de busca como o Google, que é um catálogo de informações que já existem na internet, o ChatGPT gera informações nunca antes produzidas por alguém. E sabe fazer isso porque foi treinado com uma quantidade imensa de informações disponíveis na internet, algo impossível de fazer com um ser humano nos dias de hoje. O ChatGPT escreve redações, artigos e até poemas, como este, por exemplo, que escreveu quando lhe foi solicitado um poema sobre a paixão:

> *A paixão é um fogo que arde dentro de mim / Brilha mais que o sol, mais que as estrelas no céu / É um sentimento poderoso que me move / E me faz sentir vivo de verdade / A paixão é uma chama que nunca se apaga / E me faz*

---

[21] HELDER, D.; DE OLIVEIRA, L. ChatGPT: conheça o robô conversador que viralizou por ter resposta para (quase) tudo. **G1**, 8 dez. 2022. Disponível em: https://g1.globo.com/tecnologia/noticia/2022/12/08/chatgpt-conheca-o-robo-conversador-que-viralizou-por-ter-resposta-para-quase-tudo.ghtml. Acesso em: 23 abr. 2023.

Assuma o controle das suas telas

querer estar sempre perto daquela que eu amo / Ela me inspira a ser melhor, a alcançar meus sonhos.[22]

Entender como essas novas tecnologias impactam a nossa vida faz parte do que eu faço neste mundo que está em constante transformação. Somos humanos, tomamos decisões baseadas no que sentimos e pensamos mais no curto prazo do que no longo. Temos limitações de processamento no nosso cérebro e de atenção, achamos que somos racionais e que tomamos decisões racionais, mas somos irracionais: irracionais digitais.

Além disso, acredita-se na lenda de que tudo no mundo digital é igualmente importante e urgente, todas as notificações, todas as notícias, todas as novidades tecnológicas, todos os e-mails.

Esse medo que sentimos o tempo todo de estar perdendo alguma coisa nas redes sociais tem até um nome: FoMO (*fear of missing out*, ou medo de perder, em inglês). Essa ansiedade digital é caracterizada pelo "desejo de permanecer continuamente conectado com

---

[22] CONHEÇA o ChatGPT, a tecnologia que viralizou por ter resposta para (quase) tudo. **G1**, 8 dez. 2022. Vídeo (1 min 49 s). Disponível em: https://g1.globo.com/economia/tecnologia/video/conheca-o-chatgpt-a-tecnologia-que-viralizou-por-ter-resposta-para-quase-tudo-11183841.ghtml. Acesso em: 23 abr. 2023.

Somos reféns do nosso tempo e do excesso de tecnologia

o que os outros estão fazendo".[23] O termo FoMO "foi citado pela primeira vez em 2000 por Dan Herman e definido anos depois por Andrew Przybylski e Patrick McGinnis como o medo de que outras pessoas tenham boas experiências que você não tem".[24] O impressionante é que esse medo está ligado a um viés cognitivo chamado aversão à perda, ou seja, é explicado pela ciência comportamental. Medo, o maior sentimento do FoMO, é um dos sentimentos mais negativos que podemos sentir. Sentir medo não nos ajuda a seguir em frente, a progredir nem avançar positivamente na vida.[25] Por isso, sou muito mais adepto do JoMO (*joy of missing out*, ou a alegria de viver o aqui e o agora sem a ansiedade de estar em todos os momentos).

A influencer fit carioca Carol Buffara, adepta da filosofia JoMO, deu seu depoimento à revista *Glamour*: "O excesso de conectividade estava minando o meu foco do momento presente, diminuindo a minha

---

[23] PEREIRA, F. **Consciência digital**: as 5 habilidades para ter autocontrole, foco e segurança na era digital. São Paulo: Caroli, 2019.

[24] GIANTOMASO, I. O que é FoMO? 'Fear of missing out' revela o medo de ficar por fora nas redes sociais. **Techtudo**, 27 maio 2017. Disponível em: https://www.techtudo.com.br/noticias/2017/05/o-que-e-fomo-fear-of-missing-out-revela-o-medo-de-ficar-por-fora-nas-redes-sociais.ghtml. Acesso em: 23 abr. 2023.

[25] PEREIRA, F. *op. cit.*

Assuma o controle das suas telas

produtividade e prejudicando a interação com outras pessoas. Só tive a prova concreta disso quando passei férias com minha família na França, em setembro passado. Não postei todos os treinos, nem todos os pratos, looks ou passos. Resultado: mais momentos especiais em grupo e três livros lidos em apenas vinte dias!".[26]

Por muito tempo, eu tentei me concentrar em uma coisa que queria fazer, mas não conseguia, pois a minha atenção era constantemente desviada. Era como se a minha mão ficasse com um formigamento querendo checar se chegaram mensagens, se eu recebi curtidas etc. Enquanto eu tentava fazer a coisa A, eu poderia estar fazendo B, C, D, E no celular, no computador, no tablet. Apesar de ter certeza de que focava a coisa mais importante no momento, eu sentia que deveria estar em outra tela ou em outro aplicativo, fazendo outras coisas. Eu ficava com dezenas de abas abertas no meu computador, dezenas de aplicativos abertos e sendo usados ao mesmo tempo, mas sem conseguir manter o foco em nada. Isso porque, quando focamos tudo, na verdade, não focamos nada.

---

[26] FUZARO, N. Joy of missing out: entenda o que é JOMO, a alegria de não estar em todas. **Glamour**, 24 mar. 2018. Disponível em: https://glamour.globo.com/lifestyle/trending/noticia/2018/03/joy-missing-out-entenda-o-que-e-jomo-alegria-de-nao-estar-em-todas.ghtml. Acesso em: 23 abr. 2023.

Somos reféns do nosso tempo e do excesso de tecnologia

A verdade é que, quando não conseguimos mais focar o que estamos fazendo, duas possibilidades se abrem à nossa frente:[27-28]

■ Mudamos a postura porque entendemos que alguma coisa não está dando certo e precisa ser ajustada, mesmo que, nesse momento, ainda não saibamos dizer em palavras que a tecnologia vem afetando a nossa vida. É na falta de foco que a procura por trazê-lo de volta à nossa rotina nos faz entender que o excesso de tecnologia pode fazer mal. Começamos, por exemplo, a dedicar tempo a horas livres, longe dos computadores e telas e mais perto da natureza, nos interessamos por práticas de meditação e, claro, tentamos nos desligar do mundo virtual.

■ Não mudamos a nossa postura porque acreditamos que é impossível sair desse mar de tecnologia, afinal estamos em pleno século XXI e não há o que fazer. Repetimos à exaustão o que já estamos fazendo, acreditando que o foco uma hora vai aparecer e, mais do que isso, seguimos acreditando que só assim daremos conta de tudo. E, então, o esgotamento mental vem de uma vez e chega

---

[27] GIANTOMASO, I. O que é FoMO? 'Fear of missing out' revela o medo de ficar por fora nas redes sociais. *op. cit.* p. 67.

[28] BRANDÃO, R. Síndrome de FOMO: o que é e como melhorar. **Zenklub**, 23 jun. 2022. Disponível em: https://zenklub.com.br/blog/para-voce/sindrome-de-fomo-o-que-e-fear-of-missing-out/. Acesso em: 24 abr. 2023.

Assuma o controle das suas telas

a causar burnout, síndrome do pânico ou ansiedade em muitos de nós.

Em ambas as situações estamos cercados pela tecnologia, afinal o imparável avanço tecnológico e a sobrecarga de informações são parte da nossa vida. O que muda é a nossa atitude. É crucial aprender a priorizar onde deve estar o nosso foco – e, aqui, claro que é melhor tomar a primeira atitude. Mas não se engane: as mudanças significativas só ocorrem se transformamos a nossa relação com a tecnologia e com a informação. De nada adianta acreditar que a postura mudou se você só medita aos fins de semana e, no restante dos dias, permanece cheio de compromissos, não sai da frente do computador, não consegue responder a todos os e-mails que deveria e não sabe priorizar as atividades. O que você está fazendo não funciona a longo prazo, e, cedo ou tarde, passará a ter os mesmos efeitos vividos pelas pessoas que estão na segunda situação.

Cansaço nem sempre é físico

Normalmente, associamos o cansaço à exaustão física, ao gasto de energia decorrente de algum esforço

Somos reféns do nosso tempo e do excesso de tecnologia

físico. Uma corrida, uma caminhada, um esforço para carregar peso, em geral, são facilmente relacionados a cansaço. E, assim, muita gente acredita, ou acreditava, que passar o dia todo na frente do computador, olhando para uma tela e se dedicando a um esforço intelectual, gera menos cansaço do que um trabalho físico, que exige força e movimento.

Mas será que é isso? Ou melhor, será possível afirmar que um cansa menos que o outro?

A resposta é não. E a justificativa para isso vem de uma série de estudos[29] que comprovam que uma pessoa é capaz de gerar 50 mil pensamentos em um único dia.[30]

Isso é muita coisa e significa que estamos pensando mesmo quando não temos a intenção de pensar. Inclui-se, portanto, nesse número todo, qualquer tipo de pensamento: "repetitivos e mecânicos (devo fechar a porta com chave, tenho que escovar os dentes, devo usar a faca com cuidado para não me cortar, tenho que

---

[29] RIBEIRO, M. Cientistas descobrem quantos pensamentos temos por dia. Adivinhe quantos. **Hypescience**, 14 jul. 2020. Disponível em: https://hypescience.com/quantos-pensamentos-temos-por-dia. Acesso em: 23 abr. 2023.

[30] KAZEQUER, M. Quantos pensamentos temos por dia? **Stressclin**. Disponível em: http://stressclin.com.br/site/2021/05/27/quantos-pensamentos-temos-por-dia. Acesso em: 23 abr. 2023.

Assuma o controle das suas telas

ligar para a minha mãe...), os negativos, os positivos, os criativos, mas também os 'desnecessários'".[31]

O cansaço mental não decorre, portanto, única e exclusivamente do excesso de carga cerebral dedicado à realização de determinadas atividades, como elaboração de um projeto, criação de argumentos, análise de dados, memorização de uma apresentação, gestão de equipes, mas também da repetição de pensamentos desnecessários, que são a nossa tentativa de mudar o passado ou de prever o futuro. Isto é, todas as vezes que nos dedicamos a ruminar o que aconteceu ou a tentar traçar definições futurísticas para tomadas de decisão, focamos nosso pensamento em algo que não conseguimos controlar e daí surgem sentimentos de angústia, ansiedade, medo e apatia.

Esse looping de pensamentos que nos leva a não sair do lugar contribui para que a nossa saúde mental e emocional nunca esteja adaptada à nossa realidade. E, assim, instaura-se a falta de foco na nossa rotina e, consequentemente, o cansaço mental e a frustração. E, se deixamos que isso tome conta da nossa rotina, abrimos espaço também para:

---

[31] COMO lutar contra o cansaço mental. **Mundo Psicólogos**, 19 fev. 2020. Disponível em: https://br.mundopsicologos.com/artigos/como-lutar-contra-o-cansaco-mental. Acesso em: 23 abr. 2023.

Somos reféns do nosso tempo e do excesso de tecnologia

- Falta de controle das emoções negativas: de acordo com o neurocientista Matthew Walker, que é especialista em transtornos do sono, um cérebro cansado é 60% mais propenso a reagir de maneira descontrolada frente a situações negativas;

- Insônia e esgotamento físico: a pessoa com cansaço mental tem mais dificuldade para dormir e, além disso, desperta mais vezes durante a noite. Com isso, acaba não atingindo o sono reparador. Logo, ao longo do dia, sente-se cansada fisicamente;

- Falta de concentração: com a mente cansada, fica cada vez mais difícil manter o foco em atividades corriqueiras. E, inclusive, começa-se a esquecer o que fez;

- Falta de energia: fica cada vez mais difícil dar início a novas atividades, sobretudo por conta da baixa capacidade de foco e de concentração.[32]

Deixar o cansaço mental se instalar na rotina é algo horrível, mas muito fácil de acontecer, principalmente no mundo em que vivemos hoje, em que tudo funciona em velocidade acelerada e estamos cada vez mais conectados e presos às telas. O caminho para não cair nessa situação começará a ser apresentado a você a partir do próximo capítulo, mas, antes de encontrar a

---

[32] *Ibidem.*

Assuma o controle das suas telas

saída do caos, preciso que você entenda mais sobre os danos da exposição ao excesso de informação.

O spoiler é: não importa em que ponto você esteja, se desejando dar conta de tudo ou acreditando que consegue lidar bem com tecnologia porque se afasta dela aos fins de semana, nos próximos capítulos, você aprenderá a manter a tecnologia em equilíbrio na sua vida e não terá mais a sensação de que faz, faz, faz, mas não sai do lugar.

••• CAPÍTULO MASTIGADO

1. É possível dar conta de tudo?
2. Como a tecnologia pode nos ajudar ou atrapalhar a nossa vida?
3. O que é o medo de perder (FoMO) e como isso atrapalha a nossa saúde mental?

Para acessar os links utilizados neste capítulo, aponte a câmera do seu celular para o QR Code.

DEIXAR O **CANSAÇO MENTAL** SE INSTALAR NA ROTINA É ALGO HORRÍVEL, MAS MUITO FÁCIL DE ACONTECER.

@fabionudge

CAPÍTULO 3

COMO SE CURAR DA INFOBESIDADE

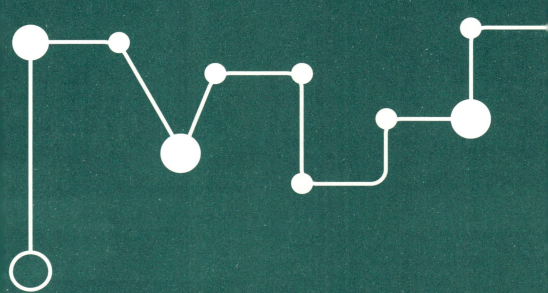

Você, assim como eu e a maioria das pessoas que vive no século XXI, deve ter se identificado com alguma das situações descritas nos capítulos anteriores. Ou, mais até do que isso, deve ter se visto em muitas dessas situações. A verdade é que a tecnologia é parte da nossa vida e já não conseguimos nos imaginar sem ela. Nem precisamos.

Porém, o botão de alerta acende quando as coisas fogem da naturalidade e começam a nos atrapalhar. Sim, tecnologia em excesso atrapalha, faz mal e precisa ser tratada. E a solução para a infobesidade é seguir pelo caminho que eu apresento no método infofitness, que deu origem a este livro.

Assuma o controle das suas telas

A partir de agora, nos próximos capítulos, você dará início a um percurso de reeducação tecnológica e passará a ter domínio do digital na sua vida. Isso quer dizer que, com o método infofitness, você passará a se conhecer melhor e usará a tecnologia a seu favor, fazendo tudo o que deve ser feito sem se sentir sobrecarregado ou cansado demais por estar sempre querendo saber de tudo e dar conta de tudo a todo tempo. Afinal, já vimos que ninguém dá conta de tudo o tempo todo. E, se dá, não está fazendo direito.

O que proponho agora é que você se prepare para mudar a sua relação com o excesso de informação, como se estivesse se preparando para fazer um check-up. Em geral, realizamos esse mapeamento da nossa saúde no início de cada ano e, muitas vezes, com o objetivo de checarmos se está tudo indo bem ou se alguns ajustes precisam ser feitos para que a nossa saúde se mantenha em dia.

É esse o primeiro passo para dar início à transformação da infobesidade para a vida infofitness.

Restrição não é o caminho

O método infofitness não pretende partir para caminhos extremos ou impedi-lo de ter acesso à tecnologia ou, até mesmo, propor um detox super-rígido e difícil

Como se curar da infobesidade

de ser seguido para que você se cure. Não espere, portanto, uma dieta restritiva que exija um distanciamento completo das telas e das informações. Ao contrário, a reeducação pela qual você vai passar tem como objetivo otimizar a sua relação com a tecnologia, de modo que ela comece a trabalhar por você e amenize a sensação de esgotamento e cansaço que você vem sentindo pelo excesso de informações, de telas e de conteúdo a que vem sendo exposto.

Afinal, assim como você, eu também amo tecnologia e não sei viver sem ela. Mas aprendi a usá-la a meu favor e a manter uma dieta equilibrada de informações e de acesso a telas e, com isso, passei a me sentir melhor e a ter um melhor desempenho no trabalho e em outros aspectos da minha vida pessoal.

As dietas restritivas, no entanto, em sua maioria, são mais rápidas e prometem soluções milagrosas, com mudanças significativas. E é aí que mora o perigo. Por si só, por serem tão milagrosas assim, já deveriam gerar certa desconfiança, mas acabam sendo seguidas por serem mais rápidas. Com a tecnologia, não seria diferente: a restrição total, a desconexão e o isolamento total por um período determinado seriam as saídas mais rápidas. Você se sentiria melhor em dias.

A pergunta que fica é: como as restrições funcionam a longo prazo?

Assuma o controle das suas telas

Já se sabe que as dietas alimentares restritivas:[33]

■ Causam fraqueza, queda de cabelo, dor de cabeça e outros sintomas. Isso acontece porque passamos a ingerir nutrientes e calorias insuficientes para o funcionamento do nosso organismo. E, nessa condição, o cérebro direciona todos os esforços para a manutenção das nossas condições vitais – como funcionamento dos órgãos, por exemplo –, e a partir disso faltam nutrientes para outras áreas, como unhas, cabelos e tecidos;

■ Provocam deficiências nutricionais. Quem nunca declarou ódio eterno ao carboidrato? Pois bem, bani-lo da alimentação não é o melhor caminho se você quer se manter saudável;

■ Acarretam perda de massa muscular causada pela restrição excessiva de calorias que, além de reduzir a massa muscular, em casos extremos pode levar à desidratação;

■ Estimulam o efeito sanfona. Ou, em outras palavras, você até pode perder peso praticamente da noite para o dia com dietas restritivas, mas dificilmente consegue se

---

[33] OS PERIGOS das dietas restritivas para a saúde. **Danone Nutricia**, 31 ago. 2020. Disponível em: https://www.danonenutricia.com.br/adultos/alimentacao/os-perigos-das-dietas-restritivas-para-a-saude. Acesso em: 23 abr. 2023.

Como se curar da infobesidade

manter assim a longo prazo, porque não consegue viver passando vontade de tudo pelo resto da vida.[34]

Nas restrições tecnológicas, algo semelhante acontece:

- Sem acesso às telas, você praticamente se isola do mundo e perde o ponto de referência para se informar;
- Deficiências de informação. Você não precisa saber de tudo, mas precisa saber do que faz sentido para a sua vida, seja profissional, seja pessoal;
- Perda daquilo que lhe interessa. Sem tecnologia, você perde todos os benefícios que ela traz a você;
- Ficar sem tecnologia para um detox não quer dizer que você seguirá sem ela pelo resto da vida. Isso só pioraria a sua relação com ela depois desses períodos de extrema restrição. Por exemplo, voltando a postar a cada segundo nas redes sociais ou respondendo a todas as mensagens no momento exato em que elas chegam ao seu celular.

Portanto, restringir total e drasticamente não é a melhor solução.

---

[34] PINZON, R. P. 8 motivos para você não seguir dietas restritivas. **Dicas de Mulher**, 27 jun. 2022. Disponível em: https://www.dicasdemulher.com.br/motivos-para-nao-adotar-dietas-restritivas/. Acesso em: 23 abr. 2023.

Aprender a usar é diferente de deixar de usar

Para compreender melhor o método, é crucial que você entenda que aprender a usar a tecnologia é diferente de deixar de usar, assim como fazer uma dieta não significa parar de se alimentar. Seguindo neste paralelo: perder peso é diferente de emagrecer. Perder peso significa reduzir os números na balança, mas não, necessariamente, quer dizer perder gordura; na maior parte das vezes, aliás, perde-se muito mais massa magra do que gordura. Emagrecer, sim, significa reduzir gordura corporal, o que, comprovadamente, faz bem para a saúde.[35]

Com a tecnologia, o raciocínio é o mesmo: deixar de usar significa retroceder e perder, inclusive, o que a tecnologia nos traz de bom; enquanto aprender a usar faz com que a tecnologia seja usada de modo inteligente, ampliando os benefícios dela sobre a nossa vida e, claro, reduzindo os danos.

Do mesmo modo que no emagrecimento diversos fatores são colocados em análise, no (re)aprendizado

---

[35] DIFERENÇA entre emagrecer e perder peso. **Instituto de Medicina Sallet**. Disponível em: https://www.sallet.com.br/diferenca-entre-perder-peso-e-emagrecer/. Acesso em: 23 abr. 2023.

Como se curar da infobesidade

do uso de tecnologia também diversos pontos devem ser reavaliados. Por exemplo:

- O tipo de trabalho que você executa;
- A necessidade de estar ativo nas redes sociais;
- Sentimento de esgotamento mental, estresse e mudanças repentinas de humor;
- Sentimentos ruins gerados pelo acesso às redes sociais;
- Atividades físicas e/ou realizadas fora das redes, como hobby, lazer, encontros com amigos e família;
- Consumo de informações no mundo virtual.

Entender como é a sua rotina e como você se relaciona com a tecnologia é fundamental para dar início ao método infofitness. Você não precisa dar conta de tudo sempre, mas precisa saber quando e como realizar as suas atividades. Nesse contexto, adotar uma postura mais questionadora será um importante passo. Comece se perguntando:

- Eu tenho que maratonar todos os episódios da nova série de streaming de uma vez?
- Eu tenho que assistir a essa série só porque todos estão falando sobre ela?
- Eu tenho que seguir todas as famosas porque todos seguem?

Assuma o controle das suas telas

- Eu tenho que saber tudo a todo tempo?
- Eu tenho que responder às mensagens no instante em que chegam?
- Eu tenho que estar on-line sempre?
- Eu tenho que postar tudo o que faço?
- Eu tenho que estabelecer contato com as pessoas somente através das telas?
- Eu tenho que ouvir música ou podcast enquanto faço qualquer outra coisa?
- Eu tenho que clicar em todas as notícias com manchetes interessantes?
- Eu tenho que assinar todas as newsletters que aparecem para mim?
- Eu tenho que ler tudo o que acontece no mundo?
- Eu tenho que... (insira aqui o que você tem que fazer no mundo digital, mesmo quando não tem vontade ou não sabe por que está fazendo determinada coisa).

Essa postura de achar que "temos que..." é altamente danosa. É por isso que a busca por um melhor aproveitamento do seu tempo, um melhor desempenho como líder e melhores resultados por meio da tecnologia passa por refletir sobre essas questões. É preciso começar a repensar o modo como o digital impacta a sua rotina. E não há melhor momento para isso do que este instante!

Como se curar da infobesidade

A partir de agora, você passará a ter uma vida infofitness e com controle total da tecnologia, passando pelas etapas de reconhecimento, aceitação, balança digital, nova dieta, novos hábitos e manutenção.

> **• • • CAPÍTULO MASTIGADO**
>
> 1. Infobesidade tem cura.
> 2. Como sair de uma vida infobesa para uma vida infofit.
> 3. A dieta de informação que pode mudar a sua vida.
> 4. Restringir o uso de tecnologia é diferente de deixar de usar.

Para acessar os links utilizados neste capítulo, aponte a câmera do seu celular para o QR Code.

CAPÍTULO

4

RECONHECIMENTO

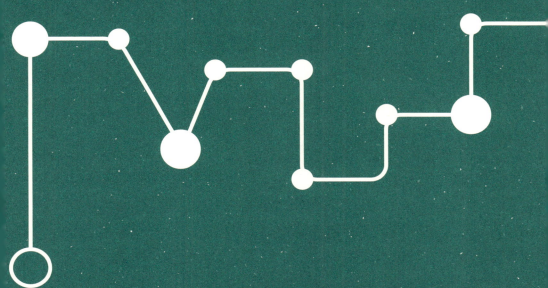

az parte do nosso imaginário, e os ditados populares confirmam, que os problemas só existem quando tomamos consciência deles. Há até quem evite ir ao médico com frequência, realizar exames para não identificar pequenas (ou grandes) questões com a saúde. É aquela velha máxima: "se eu não falo, não vejo e não escuto, ninguém fica sabendo". Mas será que esse é o melhor caminho? Será que é saudável levar uma vida fingindo que os pequenos desconfortos do dia a dia não estão ali? Ou, pior, que são passageiros ou preocupações desnecessárias que vão passar sem que precisemos tomar alguma atitude?

Veja bem, eu não quero que você entenda essa linha de raciocínio como uma defesa à busca por problemas

Assuma o controle das suas telas

que não existem. Não, não é isso. A ideia aqui é que a sua consciência desperte para algo maior que de fato existe. E que, a qualquer sinal de estranheza, você possa tomar as atitudes corretas para acabar com esse desconforto.

Vale lembrar, em primeiro lugar, que a busca incessante por problemas de saúde é um malefício real entre aqueles que não apresentam sintomas e não têm um histórico familiar.

Dito isso, como podemos estar alertas aos sintomas reais e nos prevenir de possíveis problemas sem que essa busca nos tome mais energia do que o necessário? A primeira coisa a fazer se deseja ter uma vida saudável é dedicar-se a observar o próprio corpo e os sinais que ele entrega a você. Ele não mente. Olhar para si mesmo, investigar-se e conhecer o que acontece com o seu corpo pode evitar problemas maiores no futuro.

Além disso, não abra mão das consultas periódicas. Você não vai se tornar um hipocondríaco, com mania de doenças e um grande consumidor de remédios porque vai ao médico com frequência. Ao contrário, ao investigar a sua saúde, você pode afastar os remédios por mais tempo.

Mas não se trata de qualquer exame.

Avaliações clínicas feitas conforme o perfil de cada um são o primeiro passo para que o check-up seja completo e atenda às devidas necessidades. Para ser eficaz, ele deve levar em consideração sexo, faixa etária, histórico familiar e sintomas aparentes. E isso só vai ser alcançado por meio de uma boa avaliação médica. Em contrapartida, nada adianta passar pelos exames e descobrir eventuais problemas se as orientações médicas acabam sendo ignoradas.[36]

E como fica quando o assunto é excesso de informação?

Fica o mesmo. Até agora, o que mostrei a você é como a tecnologia e o excesso de informações e de telas podem causar danos à nossa saúde. Portanto, olhar para o modo como nos comportamos diante do excesso de informações é crucial para identificar se a nossa relação é saudável ou se estamos entrando na zona da infobesidade.

Como será apresentado no capítulo 6: *Suba na balança digital!*, um bom parâmetro para identificar como anda a sua relação com a tecnologia é, literalmente, subir na balança digital.

---

[36] O CHECK-UP anual é mesmo importante? **Coração & Vida**, 17 jun. 2016. Disponível em: https://coracaoevida.com.br/o-check-up-anual-e-mesmo-importante/. Acesso em: 8 maio 2023.

Assuma o controle das suas telas

Não se assuste com a expressão "dependência tecnológica". Por mais delicada que seja, essa questão faz parte da nossa realidade, e olhar para isso, nomeando como deve ser, é um ponto importante para se livrar do problema. Como o nome sugere, dependência tecnológica é quando não conseguimos controlar o uso de smartphones, internet ou jogos, como um vício, o que pode causar prejuízo em vários aspectos da nossa vida.[37]

Segundo o psicólogo Cristiano Nabuco, um dos maiores estudiosos do país sobre dependência tecnológica, também coordenador da pós-graduação que fiz em Dependência Tecnológica pela Universidade de Caxias do Sul (UCS), o vício tecnológico já é uma epidemia. Ou seja, as selfies, os likes e o tempo de uso de tablets e celulares são muito mais do que um simples modismo.

O problema, como afirma Nabuco, começa a aparecer quando as pessoas priorizam a internet às interações com o mundo real, preferindo, por exemplo, jogar videogame a encontrar os amigos. Mais do que isso, a internet passa a funcionar como um artifício de segurança e de defesa em muitos casos. Por exemplo, se você é um jovem de 15 anos e pesa 100 quilos, consegue se isolar e criar um personagem virtual completamente

---

[37] PEREIRA, I. O que é Dependência Tecnológica? **Conceito Zen**. Disponível em: https://www.conceitozen.com.br/o-que-e-dependencia-tecnologica.html. Acesso em: 23 abr. 2023.

diferente da imagem que tanto o agride no espelho. Nesse caso, um problema é criado para camuflar outro. E é aí, como as dependências químicas, que a internet passa a atuar como uma ferramenta de defesa, de controle e de poder. Se estou on-line, no digital, sou o que eu quero ser e não exatamente o que sou.[38]

De acordo com Nabuco, são oito os sinais da dependência tecnológica:

- Preocupar-se excessivamente com a internet;
- Sentir necessidade de aumentar o tempo on-line para ter a mesma satisfação;
- Exibir esforços repetidos para diminuir o tempo de uso da tecnologia;
- Apresentar irritabilidade ou depressão;
- Vivenciar instabilidade emocional quando o uso da internet é limitado;
- Ficar mais conectado que o programado;
- Colocar trabalho e relações sociais em risco; e
- Mentir a respeito da quantidade de horas conectado.

Por ser uma constante no nosso dia a dia, em casa, no trabalho e nos momentos de lazer, a dependência

---

[38] PORCIUNCULA, B. Vício tecnológico já é uma epidemia, diz psicólogo da USP. **GZH**, 31 jul. 2015. Disponível em: https://gauchazh.clicrbs.com.br/saude/vida/noticia/2015/07/vicio-tecnologico-ja-e-uma-epidemia-diz-psicologo-da-usp-4814293.html. Acesso em: 23 abr. 2023.

Assuma o controle das suas telas

tecnológica não é fácil de ser diagnosticada, e os estudos sobre o assunto ainda são bem escassos.

O que se pode dizer é que a situação se torna preocupante quando as atividades virtuais se sobrepõem às atividades do cotidiano e das nossas experiências de vida no mundo off-line. É um sinal de alerta, por exemplo, quando as pessoas afirmam que preferem a troca de mensagens e outros modos de conversa por telas a interações pessoais.

Tudo em excesso vira um problema. E é o que veremos nos capítulos a seguir. Dividi o meu método em duas partes com dois passos em cada uma delas. A primeira parte é esta, o reconhecimento, e nela estão os passos da aceitação e da subida na balança digital. Vamos a eles!

••• CAPÍTULO MASTIGADO

1. Análise.
2. Reconhecimento.
3. Check-up.
4. Mapeamento.

Para acessar os links utilizados neste capítulo, aponte a câmera do seu celular para o QR Code.

TUDO EM EXCESSO

VIRA UM PROBLEMA.

@fabionudge

CAPÍTULO

5

PASSO 1

ACEITE!

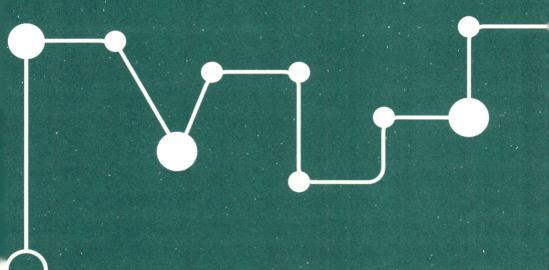

Assumir que há um problema com o modo como você vem levando a vida, com a agenda cheia e a sensação de estar sempre cansado é um passo importante, mas só o reconhecimento disso não muda a sua relação com as telas e a tecnologia. É preciso muito mais para que as coisas, de fato, evoluam.

O que fazer, então? Como mudar o seu momento exaustivo atual e ter uma vida mais organizada? É possível sair disso?

Sim, há vida pós-reconhecimento de um problema.

Nem sempre é fácil, sei disso. Somos apenas humanos, irracionais e inconscientes para muito do que acontece na nossa vida, e isso nos torna seres

Assuma o controle das suas telas

manipuláveis pela tecnologia. Nosso cérebro tem limitações cognitivas, não cabe tudo na nossa cabeça. E querer dar conta de tudo ou acreditar que só a nossa cabeça pode nos guiar por uma vida mais saudável é ilusório e até ingenuidade da nossa parte.

É preciso utilizar os recursos que, pasmem, a própria tecnologia nos oferece. Sim, a tecnologia está tão à frente de nós, do nosso pensamento e da nossa inteligência, embora sejamos nós o cérebro por trás das evoluções tecnológicas, que já nos oferece ferramentas que otimizam o seu uso e nos tornam mais independentes diante dela.

Mas isso só é possível se conseguimos aceitar que precisamos dessa ajuda, desse apoio e desse empurrãozinho para sair desse loop excessivo de telas, informações e exaustão. A aceitação de um problema é o passo número um para se livrar dele e talvez por isso seja tão difícil agir em direção a esse passo.

Como disse no capítulo anterior, a nossa tendência é esconder os nossos problemas, fingir que eles não existem, que são passageiros e que temos o controle deles todos. Não temos, e você já entendeu isso. Então é hora de agir e assumir que algo precisa ser feito. Assuma o controle da tecnologia e não mais permita que ela assuma o controle da sua vida.

PASSO 1. Aceite!

Reconhecimento e aceitação

É importante que você entenda a diferença entre reconhecimento e aceitação para seguir com a leitura
deste capítulo.

RECONHECIMENTO[39]
1. Ação ou efeito de averiguar; exame, verificação;
2. Confissão de erro, crime, pecado etc.

ACEITAÇÃO[40]
1. Ação ou efeito de aceitar;
2. Ato ou efeito de concordar, de anuir; aquiescência, anuência;
3. Facilidade em ser bem recebido e acolhido (pelo público); receptividade.

Você só passa para a etapa da cura se houver
desejo da sua parte, logo após averiguar, identificar e
aceitar que há um problema com a sua relação com a
tecnologia e com as informações que está consumindo.

---

[39] RECONHECIMENTO. *In*: OXFORD Languages. Disponível em: https://
www.google.com.br/search?q=reconhecimento. Acesso em: 23 abr.
2023.
[40] ACEITAÇÃO. *In*: OXFORD Languages. Disponível em: https://www.
google.com.br/search?q=aceitação. Acesso em: 23 abr. 2023.

Ninguém vai fazer por você o que só você pode fazer por si mesmo.

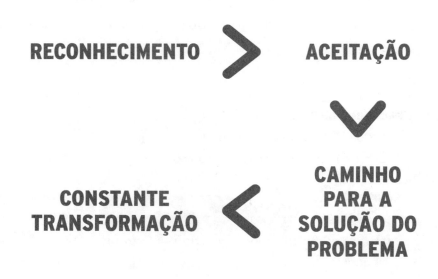

Neste momento, portanto, começa o planejamento para o início da caminhada que o levará a assumir o controle da tecnologia e não mais permitir que ela controle a sua vida. E é por isso que neste capítulo você traçará com exatidão qual é a sua real situação diante das telas. Vamos falar de números, dados e de horas passadas diante das telas.

Aceitar é isto: enxergar o problema com lupa. Parece assustador, não é? Sim, é um pouco. Por conta disso, quero combinar com você que, independentemente do resultado da sua pesquisa, não haverá desespero

PASSO 1. Aceite!

ou trava e você passará a agir para sair dessa situação alarmante.

Vamos começar?

Os cinco alertas

O exercício que proponho aqui é muito mais analógico que digital, mas nem por isso menos importante. Tomo como base os alertas que a própria tecnologia nos oferece; assim, você precisará ter em mãos todos os recursos tecnológicos que usa atualmente. Afinal, você só aceita o problema se consegue visualizá-lo.

Como estamos falando de números, vou estipular com você o exercício de olhar para o seu dia a dia ao longo da semana. E, sim, aqui incluo atividade profissional e pessoal. A tecnologia está em tudo, logo, temos de olhar para tudo.

Vamos lá? Se quiser, ou se suas respostas forem grandes, papel e caneta na mão! Mas você pode responder tudo aqui no livro mesmo, ou, ainda, se preferir, no bloco de notas do celular. Não importa qual o meio que você escolha, o fundamental é que anote tudo mesmo. Sei que pode parecer algo bastante cansativo a um primeiro olhar, mas garanto que é bem menos do que o que o excesso de telas nos causa.

Assuma o controle das suas telas

1. Mensagens de texto

Como você organiza o uso do seu celular? Atualmente, a maior parte das pessoas não separa celular pessoal e profissional. Por diversas razões, o que se vê cada vez mais é o mesmo número e aparelho sendo usado para as duas finalidades. Há quem diga que prefere se organizar assim; outros dizem que a empresa não fornece um número à parte, mas os clientes acabam utilizando mais celular que computador e, assim, tudo se concentra em um único lugar.

Se você está entre as pessoas que usam o mesmo celular e o mesmo número para toda a vida, está na hora de olhar com mais atenção para isso. Para tanto, gostaria que respondesse a algumas perguntas.

1. Como você separa vida profissional de vida pessoal?

_____

_____

_____

_____

2. Consegue dar conta de todas as mensagens?

_____

_____

_____

_____

PASSO 1. Aceite!

3. As pessoas reclamam por falta de resposta?

4. Você sente que perde informações?

5. Os grupos ficam organizados?

6. Você usa o aplicativo no desktop ou somente no celular?

7. Aos fins de semana, como ficam as suas mensagens?

Assuma o controle das suas telas

Exatamente por não haver mais uma separação entre pessoal e profissional, as empresas de aplicativos já criaram recursos que mesclam essa funcionalidade. No caso do WhatsApp, por exemplo, é possível baixar o app business e, embora o nome esteja associado a negócios, é possível criar regras e pastas que separam os grupos de contatos de acordo com seus respectivos interesses e funções.

Com o business, é possível:[41]

■ Automatizar mensagens;

■ Classificar mensagens;

■ Incluir etiquetas para categorização de grupos ou conversas;

■ Indicar horário de funcionamento ou atendimento da empresa;

■ Disponibilizar seu perfil profissional, bem como site e redes sociais.

Com ferramentas como essa, é possível mapear o seu uso e direcionar as suas respostas de maneira mais assertiva.

---

[41] WHATSAPP business: como funciona o app de contas comerciais? **Take Blip Blog**, 30 nov. 2022. Disponível em: https://www.take.net/blog/whatsapp/whatsapp-business/. Acesso em: 23 abr. 2023.

2. E-mail

Há um movimento interessante a ser observado no uso do e-mail. A troca de informações que antes era realizada apenas por essa ferramenta ganhou novos aliados com o surgimento dos aplicativos de mensagens. Hoje, no entanto, com o passar dos anos, já identificamos que as trocas de mensagens por aplicativos de mensagens instantâneas pelo celular podem gerar certa ansiedade pela necessidade de respostas imediatas e, portanto, há uma percepção de que o e-mail pode ser a melhor escolha para troca de mensagens e informações quando elas não precisam ser respondidas no mesmo instante.

De nada adianta, porém, usar o e-mail como se fosse um aplicativo de mensagens, no qual você se vê obrigado a conferir a cada instante as mensagens recebidas e a respondê-las imediatamente enquanto realiza as demais tarefas.

Uma pesquisa realizada pela PandoDaily, em 2020, mostra que 60% dos *millenials* relatam ter ansiedade devido à quantidade de e-mails que recebem.[42] Essa pesquisa apontou, ainda, que o número médio de

---

[42] Excesso de e-mail pode levar à ansiedade no trabalho. **Yahoo! Finanças**, 1º set. 2021. Disponível em: https://br.financas.yahoo.com/noticias/excesso-de-e-mail-pode-levar-a-ansiedade-no-trabalho-141539834.html. Acesso em: 23 abr. 2023.

Assuma o controle das suas telas

e-mails em uma caixa de entrada é 8.024. Realmente assustador! A pergunta é: como dar conta de tudo isso? Eu respondo: priorizando. Mais uma vez, proponho que se faça as seguintes perguntas:

1. Como está a sua caixa de e-mails?
2. Você categoriza seus e-mails?
3. Tem uma organização para realizar as leituras?
4. Consegue identificar o que é mais importante?
5. Como responde aos e-mails?
6. O que você considera como demora para responder a um e-mail?
7. Quantas vezes por dia checa sua caixa de entrada?

Aceitar a grandeza da sua caixa de e-mails é crucial para dar início ao exercício Inbox Zero, que nada mais é do que estabelecer critérios, categorias e regras para conseguir zerar a sua caixa de e-mails. Vamos falar mais sobre isso adiante.

3. Agenda

Sua agenda trabalha para você ou você trabalha para sua agenda? Muitas vezes, confundimos agenda cheia com entrega e realização de trabalhos. E, na verdade, sabemos que não é bem assim que as coisas funcionam. O excesso de compromissos e a ausência

PASSO 1. Aceite!

de uma ação ativa por parte de quem organiza a agenda podem fazer com que o dia se torne uma extensão infinita de reuniões e pouco tempo útil para realizar os acordos e as tarefas que cabem a você. Aceitar que é preciso agir diante da sua agenda é mudar a sua postura de trabalho e, de fato, otimizar o seu tempo.

Lembre-se: não é porque você tem um monte de espaços preenchidos na agenda que está ocupando bem o seu dia. Na verdade, estar ocupado o tempo todo é fácil, difícil é entregar resultados e estar ocupado com as coisas certas. Talvez você esteja apenas usando o seu dia para se sobrecarregar mais ainda. Sua agenda tem que funcionar para você, e não o contrário. Algumas reflexões:

1. Como está a sua agenda?
2. Você organiza a sua semana?
3. Há tempo entre uma reunião e outra?
4. Você consegue fazer pausas?
5. Seu dia tem hora para começar e para acabar?
6. Quem tem acesso à sua agenda?

4. Lembretes

Como você organiza a sua memória? Confia 100% na sua capacidade de se lembrar de tudo? A maior parte

Assuma o controle das suas telas

das pessoas acredita no superpoder da memória[43] e deixa de lado o que pode ser controlado pela tecnologia. E, no fim, sem surpresa nenhuma, acaba se esquecendo de boa parte das coisas. Isso não é saudável e gera uma série de problemas. A sensação que você tem é de nunca consegue cumprir com o que lhe cabe e, como consequência, sente que não faz nada direito.

Aceitar que a sua memória não dá conta de tudo – nem precisa – é fundamental para ter a tecnologia como aliada e evitar que ela sobrecarregue a sua mente e, com isso, você deixe de cumprir com seus compromissos. Pense nas respostas para as seguintes perguntas:

1. Como você retém as informações?
2. Como organiza o que deve fazer?
3. Que recursos utiliza para lembrar os seus compromissos e as suas tarefas?
4. Como são os seus acordos consigo mesmo?

Organização é um passo importante para que as entregas, de fato, aconteçam.

---

[43] RODRIGO, T. Podemos confiar em nossa memória? **UX Collective BR**, 7 fev. 2022. Disponível em: https://brasil.uxdesign.cc/podemos-confiar-em-nossa-mem%C3%B3ria-365d891621fd. Acesso em: 23 abr. 2023.

5. Vídeos e áudios

Nem só de textos vivem o trabalho e a vida no digital. Ao contrário, boa parte da comunicação ocorre atualmente por áudio e por vídeos. E a pergunta é: como dar conta de assimilar mais esse conteúdo? Aceitando que nem tudo pode ser feito ao mesmo tempo. Para isso, você precisa entender que precisará focar alguns pontos e abrir mão de outros. Os vídeos e os áudios estão por toda parte. Reflita:

1. Como você vê as suas séries favoritas?
2. Como se comunica com as pessoas? Por mensagens de áudio ou ligação?
3. Como consome os vídeos que ensinam algo?

Só é possível otimizar o seu tempo se você consegue visualizar quanto dele você dedica a cada situação. E, mais adiante, entenderá como lidar com tudo isso.

Calma, há saída para tudo

Talvez, neste momento da leitura, você não esteja tão feliz e animado com o que está por vir. Não é fácil mesmo perceber que a tecnologia pode impactar a nossa

Assuma o controle das suas telas

vida dessa maneira. Mas isso não significa que você deva continuar onde está ou fazer disso um problema sem solução. Ao contrário, aceitar que a situação está insustentável e requer um olhar mais atento pode suavizar o seu dia a dia, reduzir o seu estresse e melhorar a sua concentração.

Ao aceitarmos a existência de um problema, por menor ou maior que ele seja, nos tornamos protagonistas da nossa vida. E, por mais difícil que seja, assumimos que precisamos mudar e encontrar uma saída para que isso deixe de nos atrapalhar. Assim, aceitar um problema não é ampliá-lo, mas sim organizar estratégias para acabar com ele.

Infelizmente, ao se tratar de tecnologia e informação, o caminho mais curto é nos rendermos à enxurrada de conteúdo e novidades sem fim. Ninguém quer ficar de fora dos últimos acontecimentos ou ser apontado como o profissional que não se atualiza e não acompanha o ritmo dos colegas e da própria tecnologia.

Porém, sabemos que é impossível estar em todas as conversas, saber todas as coisas e fazer parte de tudo. Ao menos se a ideia for fazer isso com qualidade, saúde e equilíbrio. Para encontrar o caminho possível para saber tudo o que lhe interessa e, portanto, traz benefícios à sua vida, é preciso descobrir do que você deve abrir mão.

PASSO 1. Aceite!

Por isso, peço que continue nessa trajetória para reeducar a sua relação com a tecnologia e com o consumo e produção de informação. Os próximos capítulos reúnem saídas e exercícios práticos que o auxiliarão nessa jornada.

Dietas não são chatas, sobretudo quando o foco é a saúde. Dietas, como é o caso dessa que proponho aqui, otimizam o tempo, melhoram a vida e proporcionam uma rotina equilibrada e mais saudável. Não há necessidade de renunciar a tudo de que gostamos, aos vídeos e sites que nos inspiram e nos alegram e, muito menos, a ter uma rede social. Mas é preciso encontrar o melhor caminho para ter o que lhe faz bem. E o que faz bem para você só você pode saber.

Assim, não há uma fórmula mágica. Minha proposta aqui é mapear o problema, torná-lo conhecido de quem o enfrenta e fornecer as ferramentas existentes para reduzir os danos, traçar caminhos melhores e mais interessantes. E, claro, se o caso estiver ultrapassando a linha do que se consegue fazer sozinho, é importante buscar um profissional que possa ajudá-lo a encontrar as melhores saídas para livrá-lo da sua dependência.

Você vai ver, ao fim, que tudo terá valido a pena, e a tecnologia voltará a ocupar o lugar de destaque e aconchego na sua vida, sem que para isso você precise

Assuma o controle das suas telas

se sentir exausto ou sem saber dizer o que leu, ouviu ou aprendeu.

> • • • **CAPÍTULO MASTIGADO**
>
> 1. Aceitando o problema e aprendendo a lidar com ele.
> 2. O que você pode fazer para ter uma boa relação com a tecnologia?
> 3. Ferramentas para melhorar o seu dia a dia usando tecnologia.

 Para acessar os links utilizados neste capítulo, aponte a câmera do seu celular para o QR Code.

ACEITAR UM PROBLEMA NÃO É AMPLIÁ-LO, MAS SIM **ORGANIZAR ESTRATÉGIAS** PARA ACABAR COM ELE.

@fabionudge

CAPÍTULO

6

PASSO 2

SUBA NA BALANÇA DIGITAL!

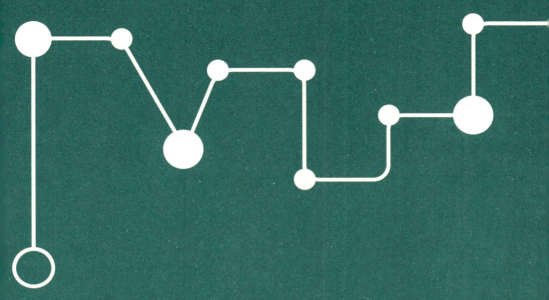

Ufa, você está caminhando bem! A jornada que proponho neste livro nem sempre será fácil e nem sempre será bonita. Afinal, reconhecer um problema e aceitá-lo requer bastante esforço e desprendimento da nossa parte. E, quando o assunto é tecnologia, é ainda mais difícil, já que tudo é tecnologia atualmente.

Já vimos que não há como fugir da informação. Criar uma vida que funcione sem nenhum toque de tecnologia é quase impossível. Infelizmente, ou felizmente, toda a nossa existência é baseada em dados, informações. Tudo o que fazemos, para o bem e para o mal, só acontece porque há tecnologia. E aqui não me refiro apenas a telas, celulares e computadores – meu

Assuma o controle das suas telas

foco vai além disso. Já parou para pensar em como seria a sua vida sem água quente? Sem fogo? Sem o tecido que compõe a sua roupa? Sem gás? Sem energia elétrica? Sem a roda? Seria, no mínimo, diferente.

Viver, então, isolado e sem tecnologia não passa pela minha cabeça. Mas, ao mesmo tempo, sei que o excesso pode fazer mal. E, por isso, este capítulo tem como objetivo identificar a raiz do problema e olhar com mais atenção de onde vem o seu esgotamento tecnológico e como está o seu nível de dependência tecnológica.

Para ajudá-lo nessa missão, criei a **Balança do Peso Digital**. Essa ferramenta foi inspirada no Teste de Bem-Estar Digital do Google Wellbeing[44] e em um organizado pelo Serviço do Ambulatório de Transtornos do Impulso do Instituto de Psiquiatria do Hospital das Clínicas de São Paulo, que pode ser encontrado e feito gratuitamente pela internet.[45] A **Balança do Peso Digital** procura traçar como está hoje a sua relação com as telas, as informações, a tecnologia e a sua organização diante disso. Ao colocá-lo diante do problema, ajuda você a enfrentá-lo com mais assertividade.[46]

---

[44] Para fazer o teste, acesse: https://wellbeing.google/reflect/.

[45] Para fazer o teste, acesse: https://dependenciadeinternet.com.br/teste.php.

[46] Para subir na balança do peso digital e fazer o teste, acesse: https://infobesidade.com.br/balanca-livro/.

PASSO 2. Suba na balança digital!

É uma ferramenta bem simples e rápida, basta responder às perguntas abaixo. Vamos ver como você está?

BALANÇA DO PESO DIGITAL

Neste momento, certamente, você não saberá precisar com clareza as informações em detalhes. Essa primeira etapa é para reconhecer como está a sua relação com as telas e com as informações que chegam até você. Chamei esse questionário de **Balança do Peso Digital**, cujo resultado lhe dará seus *infokilos*. Ele usa a escala Likert para medir a intensidade e foi inspirado na escala subjetiva de dor,[47] muito utilizada nos hospitais para ajudar a fazer a triagem dos pacientes.

 Caso prefira, aponte a câmera do celular para o QR Code ao lado e vá direto para a página do questionário.

Para cada pergunta responda com:
- **0** Nunca.
- **1** Raramente.
- **3** Às vezes.
- **5** Com frequência.

---

[47] ESCALA de dor Lanns (Adaptada ao português do Brasil por Schestatsky *et al.*, 2011). Disponível em: http://www.as.saude.ms.gov.br/wp-content/uploads/2016/04/Escala-de-dor-LANNS-E-EVA.pdf. Acesso em: 23 abr. 2023.

Assuma o controle das suas telas

Pergunta	Sua resposta
1. Perco a noção do tempo quando estou no celular.	
2. Sinto necessidade de verificar meu celular imediatamente se ele vibra ou faz algum som.	
3. Meu celular me distrai quando estou com amigos ou a família.	
4. Passo mais tempo nas redes sociais do que gostaria.	
5. Fico no celular quando deveria ir dormir.	
6. Sinto que estou perdendo algo importante se não verificar meu celular.	
7. Se eu tiver uma dúvida, pego meu celular para ter a resposta imediata.	
8. Sinto sobrecarga pela quantidade de e-mails não lidos que tenho.	
9. Passo mais tempo na frente do computador, do celular e de outras telas do que gostaria e depois me arrependo de não ter feito outras coisas.	
10. Não consigo ler e responder a todos os e-mails e mensagens de chat, *directs* e comentários que chegam até mim.	
11. Faço várias coisas ao mesmo tempo, fico com várias abas e aplicativos abertos ao mesmo tempo passando entre um e outro.	
12. Desbloqueio o celular e esqueço o que eu ia fazer porque fico distraído com outras coisas.	
13. Quando estou assistindo a filmes ou séries, me distraio e entro no celular para ver outras coisas.	
14. Começo a ler um artigo e a ver um vídeo e não termino porque começo a fazer outras coisas no meio do caminho.	

PASSO 2. Suba na balança digital!

Pergunta	Sua resposta
15. No fim do dia, não lembro o que fiz e quais metas e objetivos realmente consegui atingir.	
16. Sinto certa frustração e me cobro porque não consegui fazer tudo que queria no fim do dia, da semana ou do mês.	
17. Sinto que estou desatualizado, que as pessoas à minha volta estão sabendo do que acontece no mundo e na minha área de trabalho e eu fico para trás porque é muita informação.	
18. Sinto um cansaço mental, é como se minha cabeça estivesse tão cheia que não consigo mais processar quase nada.	
19. Acordo no meio da noite e olho o celular buscando alguma notificação, curtida ou mensagem.	
20. As pessoas à minha volta (família, amigos e colegas de trabalho) se queixam dizendo que eu fico muito tempo no celular ou em telas.	
Total – Some as suas respostas e coloque aqui o total; esse é o seu peso digital em *infokilos*.	_____ *infokilos*

Esse teste tem como objetivo mapear a sua relação com a quantidade de informações e tecnologia a que você tem acesso. Desse modo, não existe certo e errado, mas um panorama real de como você está. Com base nisso, pode-se tomar como referência a escala da obesidade corporal, que mede a quantidade de gordura no nosso corpo.

Assuma o controle das suas telas

Veja o resultado da soma de todas as suas respostas, assim você terá acesso ao seu peso digital em *infokilos*. Identifique em qual categoria você está, de acordo com o resultado do seu peso digital.

Entre 0 e 20 – Infofitness: a sua relação com o mundo digital e com as informações é equilibrada, e você não se deixa tomar pela grande quantidade de conteúdo que chega a você nem passa muito tempo em frente às telas. Você já vive uma vida infofitness, parabéns.

Entre 21 e 40 – Neutro: você está em um ponto neutro, nem acima do peso digital, nem aproveitando os benefícios de uma vida infofitness. Vale a pena tentar analisar algumas respostas que receberam 2 pontos ou mais para tentar melhorar essas áreas.

PASSO 2. Suba na balança digital!

Entre 41 e 60 – Acima do peso: você já passou um pouco do limite e está acima do peso digital, o que pode ser visto como uma infobesidade leve. Você costuma estar atento para não ultrapassar a carga diária de informações, mas, muitas vezes, acaba se excedendo e não sabe bem por quê.

Entre 61 e 80 – Infobesidade: o seu limite foi ultrapassado, e você precisa entrar em uma dieta de informação para ter uma vida melhor e diminuir os sintomas e os sinais da infobesidade, que já faz parte da sua vida.

De 81 a 100 – Infobesidade mórbida: o seu corpo e a sua mente não acompanham a velocidade da informação que chega a você, que, por sua vez, não consegue encontrar a raiz do problema para frear o que vem lhe fazendo mal. É hora de procurar ajuda e apoio profissional para encontrar uma relação mais equilibrada e saudável com as informações. As complicações possíveis para quem tem esse peso digital são extremamente preocupantes.

Independentemente de qual seja o seu resultado, o método a seguir tem como objetivo auxiliá-lo no caminho mais saudável e prático para o consumo de informações e, claro, não o deixar perder o controle de novo. Por isso, prepare-se para mudar de vez a sua relação com as telas.

Bem, agora que você reconheceu o tamanho do seu problema – que, como já vimos, é o primeiro passo para começar a se livrar dele –, vamos juntos entender melhor como é se livrar da síndrome da infobesidade e da dependência tecnológica.

Assuma o controle das suas telas

Tempo de uso

Os celulares se tornaram peças fundamentais no nosso dia a dia. É raro encontrar alguém fora de casa sem o aparelho e, em geral, quando acontece, a pessoa fica meio perdida, sem saber o que fazer e como agir. Isso porque tudo está no celular: dos aplicativos de mensagens, e-mails e redes sociais aos aplicativos de bancos e pagamentos, além de documentos.

Pode-se dizer que o celular carrega boa parte, se não toda, da nossa vida. Logo, se é algo tão essencial assim, é até difícil se surpreender com o excesso de uso, não é mesmo? Mas será que todos sabemos o que nos tem feito ficar mais tempo com os olhos vidrados na tela? Será que sabemos como dedicamos o nosso tempo na tela de um celular? Estamos usando essa ferramenta da melhor maneira? Ou ficamos a maior parte do tempo nas redes sociais e, no fim do dia, temos de correr para dar conta do que deveríamos ter feito nas horas anteriores?

É difícil responder a essas perguntas sem olhar de verdade para o celular. É meio abstrato mesmo, mas, para entender melhor, basta analisar a nossa relação com a comida. Na maior parte das vezes, quando não contamos com um apoio profissional para compor a nossa dieta, não fazemos ideia da quantidade de

PASSO 2. Suba na balança digital!

gordura, carboidrato e proteína – conhecidos no mundo da nutrição alimentar como macros – presentes nos alimentos. É só depois de dedicarmos um tempo para o que colocamos no nosso prato de comida, com o suporte de um nutricionista, que começamos a entender melhor a composição do que consumimos. Ou seja, essa categorização foi importante para que as dietas alimentares fossem criadas.

A questão, tanto para o que consumimos de alimento de verdade quanto para o que consumimos no nosso celular, começa a chamar atenção quando algo não vai bem, seja porque engordamos, emagrecemos demais ou nos sentimos muito cansados e presos na tela sem nem saber o motivo. Em alguns casos, como aparece no teste que abre este método, a nossa relação com o celular pode indicar uma dependência, e é aí que você precisa saber o que fazer.

A boa notícia é que esse dado já chamou a atenção dos próprios fabricantes de celulares e, atualmente, os aparelhos já possuem uma configuração nativa padrão para ajudar o usuário a identificar o tempo que dedica a cada aplicativo e, não só isso, para otimizar essa dedicação. Em outras palavras, você pode descobrir quanto tempo passa em cada aplicativo e limitar esse uso à quantidade que julgar melhor para você.

Assuma o controle das suas telas

Essa função vem acoplada tanto no sistema iOS, da Apple, quanto no Android. E, para colocar em prática, basta seguir as instruções que os próprios aplicativos apresentam. Essas funções costumam ser bem intuitivas e, facilmente, o usuário aprende a configurá-las. De todo modo, destaco os principais recursos:

▮ Tempo de uso em cada aplicativo. Com esse recurso, é possível mapear exatamente o tempo que permanecemos em cada app do nosso celular;

▮ Tempo de uso geral. Com essa leitura, é possível mensurar o total de horas que você passa na tela do seu aparelho;

▮ Definir um limite diário de uso para cada app. Esse aqui já é uma prática da dieta de informações, na qual o usuário se torna vigilante do próprio uso da tecnologia. Ao atingir o limite diário, o aplicativo manda uma notificação e você deixa de usá-lo.

É possível encontrar um passo a passo mais detalhado em sites voltados à tecnologia,[48] mas, em resumo, o que se deve ter em mente ao colocar em uso essa função do celular é quão disposto você está para

---

[48] BEGGIORA, H. Como ver o tempo de uso do celular Android e iPhone (iOS). **Techtudo**, 6 maio 2021. Disponível em: https://www.techtudo. com.br/dicas-e-tutoriais/2021/05/como-ver-o-tempo-de-uso-do-celular-android-e-iphone-ios.ghtml. Acesso em: 23 abr. 2023.

PASSO 2. Suba na balança digital!

encontrar o equilíbrio de acesso às telas e o tempo que passa nos aplicativos.

Em um primeiro momento, a ideia de entender melhor como utilizamos o celular e quais ferramentas usamos pode parecer sem sentido ou, até mesmo, desnecessária. Mas será que é assim mesmo? Mais uma vez, me permito comparar o nosso comportamento com o celular com a nossa relação com a comida e a nossa própria saúde. E aqui vale a máxima: nem tudo é o que parece. Não estarmos com dor ou não nos sentirmos mal não significa que estamos bem, que não há necessidade de mexer na nossa alimentação.

Já mencionei aqui a importância da realização de exames periódicos e check-ups anuais, cujos objetivos são mapear a nossa saúde, verificar se tudo, como mostra a nossa percepção, vai bem. Na maior parte dos casos de doenças mais graves, e silenciosas, quando descobertas previamente, ainda no início, o tratamento é mais eficaz e a cura é alcançada mais rapidamente.[49]

Com a análise dos aplicativos o mesmo acontece. Uma vez que o celular está tão presente na nossa rotina, em alguns casos não conseguimos perceber

---

[49] A IMPORTÂNCIA do diagnóstico precoce para a cura de doenças. **Hospital Santa Lúcia**, 29 dez. 2021. Disponível em: http://www.santalucia.com.br/noticias/importancia-do-diagnostico-precoce-para-cura-de-doencas/. Acesso em: 23 abr. 2023.

Assuma o controle das suas telas

como estamos lidando com tudo isso. Tendemos a acreditar que não passamos tanto tempo nas redes sociais, jogando joguinhos da moda ou verificando os nossos rendimentos. E, ao fim do dia, como mostrei no capítulo 4, que introduz a primeira parte do método, estamos exaustos, sem força para fazer mais nada.

Com o sinal de alerta aceso e o mapeamento do uso do celular, identificamos o que fazemos, quanto tempo gastamos e nos entendemos melhor. Uma pesquisa realizada pelo app Moment.io em parceria com a HumaneTech com mais de 200 mil usuários de iPhone mediu o nível de bem-estar das pessoas em cada aplicativo.[50] Para isso, os participantes responderam às seguintes perguntas:

a) Quanto tempo você precisa para se sentir feliz em cada aplicativo?

b) A partir de quanto tempo em cada aplicativo você começa a se sentir infeliz?

O resultado desse estudo é bastante interessante e pode funcionar como base para que cada um de nós crie a própria métrica ou procure apoio de um

---

[50] APP RATINGS. **Center for Humane Technology**, 1º jan. 2018. Disponível em: https://www.humanetech.com/insights/app-ratings. Acesso em: 23 abr. 2023.

PASSO 2. Suba na balança digital!

profissional para avaliar o próprio bem-estar nas redes. Veja:

- 22 minutos por dia no Facebook proporcionam felicidade, ao passo que 59 minutos ou mais trazem tristeza;
- 12 minutos no Candy Crush são pura alegria; a partir de 47 minutos sente-se frustração;
- 29 minutos no Reddit são suficientes para trazer riso e descontração; a partir de 57 minutos, não mais;
- E apenas 26 minutos no Instagram trazem felicidade, e não 54 minutos.

Nem tudo, veja bem, é o que parece. Ao mensurar o uso dos aplicativos, você pode se surpreender com a quantidade de horas que fica em cada um deles. Para encontrar um meio-termo saudável, deverá achar uma dieta adequada. Sim, dieta de informações, que é assunto do próximo capítulo.

Nutricionistas da Informação nas empresas: um estudo de caso

E quando nós somos os responsáveis pelas informações produzidas? O que fazer quando, em algum momento, temos de nos comunicar com outras pessoas? Como

Assuma o controle das suas telas

lidamos com a quantidade de informações enviadas? Aqui, embora eu não descarte a nossa responsabilidade no âmbito pessoal, quero focar o ambiente de trabalho.

Nas nossas relações pessoais, bem ou mal, em algum ponto conseguimos sinalizar quando estamos saturados de informações vindas das pessoas com quem convivemos, seja ao não responder a uma mensagem, seja ao escolher não entrar em uma discussão. No trabalho, muitas vezes, não temos tanta liberdade para definir o que deixar de responder ou de ler e ouvir e, por esse motivo, aprender a priorizar é fundamental e, mais do que isso, entender o que comunicar e como o fazer também pode ser o indicador de alcance do objetivo.

Como, no próximo capítulo, o foco será a dieta da informação, o foco aqui é a seleção da informação enquanto agente principal. Ou seja, enquanto pessoa que fornece, produz e envia informações a outras pessoas. Recorrendo mais uma vez à analogia com a comida, alimentação e nutrição, os produtores de informação seriam como as fábricas de alimentos que enchem as prateleiras dos supermercados, as cozinhas dos restaurantes e os rodízios que frequentamos.

Você tem ideia da responsabilidade disso? Do quanto a informação que produzimos e que enviamos às

MUITAS VEZES, MENOS É MAIS.

@fabionudge

Assuma o controle das suas telas

pessoas pode impactar o dia e a vida delas? Eu espero que sim, mas, se não tiver, o conteúdo do início do livro até este ponto mostra o quanto somos tomados por essas interações e, assim, filtrar o que se diz é também um sinal de respeito.

A líder de comunicação de toda a América Latina de uma grande empresa multinacional, Juliana G. Ehara, me disse em entrevista para este livro que, ao perceber quão responsável era pelo excesso de informação que veiculava dentro da empresa, criou um projeto chamado "Economia de Comunicação", que funciona como se fosse uma dieta de informação para transformar a produção, a distribuição e o consumo de conteúdo dentro da empresa.

Como detentora da informação e responsável por levar conteúdo a uma organização que tem sedes em diversos países, Juliana entendeu que, se continuasse fazendo tudo e entregando a mesma coisa para todas as pessoas, não alcançaria os resultados desejados. Alguma coisa precisava mudar no modo como a informação era produzida, distribuída e consumida.

A equipe do projeto dedicou um período inicial para descobrir e analisar os veículos e canais disponíveis para entregar a informação aos colaboradores da empresa. Em seguida, analisou métricas de alcance, engajamento e conversão dentro da empresa e

PASSO 2. Suba na balança digital!

descobriu não só o comportamento das pessoas, mas como funcionava o fluxo de informação: quem produzia, quem consumia, taxas de abertura de e-mails, quantidade de visualizações de vídeos, entre outros. Segundo Juliana, "percebemos que cada pessoa estava recebendo em média vinte e-mails por dia, isso é demais! E grande parte dos e-mails não tem o devido valor para a pessoa que está recebendo. Não é porque estamos em um ambiente corporativo que todos os e-mails que recebemos vão nos ajudar em alguma coisa".

A partir daí, a equipe de comunicação começou a priorizar o alcance dos conteúdos e categorizar o que era enviado para dar o poder de escolha ao consumidor. Informações específicas para colaboradores do Brasil não precisam ser enviadas para o México, por exemplo. Mas há alguns conteúdos que devem ser enviados para a empresa toda.

O resultado inicial do projeto foi extremamente positivo e significativo. Uma das análises de antes e depois foi relacionada aos e-mails enviados: antes eram enviados vinte e-mails por dia, aproximadamente seiscentos por mês; depois da priorização e da dieta, em um mês específico, foram enviados apenas dois e-mails por semana para toda a região da América Latina.

Assuma o controle das suas telas

Durante a conversa com a Juliana, percebi, e comentei isso com ela, que é como se houvesse uma transformação de um ambiente de rodízio de informação com bufê livre, no qual os consumidores têm um mundo de opções e precisam decidir o que consumir, para um mundo com uma curadoria bem-feita, como menus de entrada, prato principal e sobremesa pensados para cada perfil de pessoa, ou seja, uma dieta. Eu fiquei bem impressionado porque, ao falar isso, a Juliana respondeu: "Claro que você pode fazer uma dieta sozinho, mas é como se fizesse um tratamento com uma nutricionista. Com o acompanhamento necessário e os suplementos certos para que você se mantenha forte, saudável e com energia, é muito diferente!".

Outra métrica analisada foi a taxa de abertura dos e-mails, que antes era muito baixa. Juliana explica que se devia ao fato de que "o colaborador recebia muitos e-mails. E como é possível priorizar tanta coisa? Vamos deixando para ler depois e acabamos não abrindo". Depois da etapa inicial do projeto, com a consolidação e categorização das comunicações oficiais e regionais, essa taxa de abertura subiu para 77%, algo muito bom. Quase oito em cada dez colaboradores não só abriram o e-mail como também clicaram nos links dentro dos e-mails, o que mostra um crescimento no interesse dos conteúdos produzidos.

PASSO 2. Suba na balança digital!

Juliana ainda afirma que a decisão do que consumir deve ser uma escolha do consumidor do conteúdo e que empoderar o consumidor da informação dessa maneira é a próxima fase do projeto. Eu faço uma comparação com alguém que entra em um supermercado e decide o que comprar baseado nos rótulos dos produtos, se tem açúcar, se é um pão integral ou não, se é um leite com ou sem lactose. Nós, consumidores, podemos decidir o que comprar e o que consumir com base na categorização e na transparência disso através de rótulos. "É uma escolha do colaborador. Sabendo, por exemplo, que um determinado canal vai alimentá-lo com informações sobre os principais projetos da empresa, ele pode decidir se quer ou não consumir aquele conteúdo."

Juliana finalizou dizendo que tem orgulho de trabalhar em uma empresa que se preocupa com o que os colaboradores vão receber e que a comunicação precisa ser humanizada, e não fria, pois ela pode transformar o dia de alguém. E na sua empresa? Existe uma equipe de "nutricionistas da informação" se preocupando com a dieta de informação dos colaboradores? Sugerir uma iniciativa como essa da Economia da Comunicação pode trazer grandes benefícios. Você, enquanto responsável por comunicar e estabelecer informações entre as pessoas, deve saber definir o

Assuma o controle das suas telas

melhor caminho para isso e o momento adequado para entregar esse conteúdo. Se você não souber orquestrar a curadoria da informação que envia para as pessoas com quem trabalha, gera um aumento de fluxo e sobrecarrega as pessoas e, com isso, não obtém os resultados que deseja. Muitas vezes, menos é mais.

Perdas e ganhos

Se você está surpreso com tudo que identificou até aqui, fique calmo. Esse diagnóstico é necessário para que entremos na etapa de redução de danos com mais clareza daquilo que precisa ser feito. Lembre-se de que tudo pode ser revisto quando identificado e, assim como em uma dieta nutricional, daremos início a uma dieta de informação. A ideia é fazer uma reeducação do uso para que você se mantenha saudável e tenha o controle da tecnologia e do consumo de informação no seu dia a dia.

Não espere propostas infundadas e radicais da minha parte. Ao mesmo tempo que amo tecnologia, sei que só consigo me manter saudável e manter essa relação de amor porque encontrei o equilíbrio no meu dia a dia, controlando o que, quando e quanto acesso e tempo dedico do meu dia para cada função

PASSO 2. Suba na balança digital!

tecnológica. E, claro, também mantenho como prioridade a qualidade da minha vida no ambiente off-line, longe do virtual. Atividade física, interação com as pessoas, contato pessoal com a família e com os amigos são parte da minha rotina.

Já estamos no caminho para descobrir como melhorar a sua relação com a tecnologia e com a informação! Animado? Eu estou! Vamos juntos.

••• CAPÍTULO MASTIGADO

1. Como subir na balança do peso digital.
2. O tempo de uso e de permanência nas telas pode mudar a sua vida.
3. Informação de qualidade é melhor que informação em quantidade.

Para acessar os links utilizados neste capítulo, aponte a câmera do seu celular para o QR Code.

CAPÍTULO 7

RECALCULANDO A ROTA

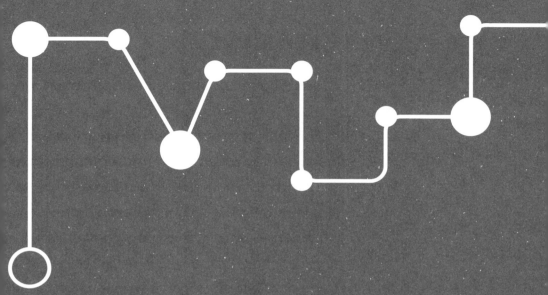

Chegamos agora à segunda parte do método, que é quando devemos fazer os ajustes necessários. Toda dieta exige um período de adaptação, de decisão e de força de vontade por parte do indivíduo. Deixar uma vida toda de hábitos e vícios para trás é um tremendo desafio e, por isso, exige comprometimento, disciplina e habilidade.

Seguir uma dieta que tem como base a reeducação alimentar, muitas vezes, significa um processo mais lento, mas não menos eficaz, que pode gerar ansiedade, pressa e desejo de antecipar as coisas. No entanto, a longo prazo, a reeducação se mostra mais eficaz e mais duradoura. Frequentemente, a pessoa que faz dietas restritivas demais volta a engordar

Assuma o controle das suas telas

e, em alguns casos, chega a desenvolver distúrbios alimentares.[51]

Com a dieta de informação em busca de uma vida infofitness, o raciocínio é o mesmo. De nada adianta propor uma vida completamente desconectada e fora do mundo digital se você precisa se manter on-line, atualizado e virtualmente conectado para conseguir trabalhar, se relacionar com pessoas que estão longe, resolver problemas do dia a dia – como fazer um pagamento usando o app do seu banco ou pedir comida por um app de delivery. Uma proposta radical, ao contrário do que se espera, pode fazer com que valorize ainda mais o digital e queira manter toda a sua vida 100% nele. E não é esse o caminho.

Saiba que reeducar é diferente de restringir. O primeiro leva ao sucesso, já o segundo pode aumentar os seus problemas.

A proposta do método a seguir é reduzir as suas calorias de informação consumidas e, consequentemente, diminuir o seu peso digital. Isso é possível com exercícios que o ajudem na transformação da sua relação com a tecnologia. E, para começar, a ideia é que você recalcule a sua relação com o mundo real. Pode começar pensando nas seguintes questões:

---

[51] OS PERIGOS das dietas restritivas para a saúde. *op. cit.* p. 80.

Recalculando a rota

- Você pratica atividade física?
- Qual é o seu modelo de trabalho? Híbrido? Remoto?
- Você se encontra com os seus amigos com que frequência?
- Está próximo fisicamente da sua família?
- Gosta de encontrar as pessoas para eventos no trabalho?
- Quando assiste a filmes, fica mexendo no celular?
- Trabalha quantas horas por dia?
- Aos fins de semana, consegue descansar e fazer atividades ao ar livre?

O despertar para o mundo real, ao ar livre, é um passo importante para a sua nova dieta. Se você não faz atividade física, não se preocupe. É tempo de recomeçar. Encontre uma atividade que o deixe feliz e comprometa-se a realizá-la com frequência.

Isso também vale para os encontros com amigos. Com a pandemia de covid-19, boa parte das pessoas ficou bastante reclusa e teve dificuldades, e medo, para retomar a vida social. Você não precisa se forçar a estar com as pessoas ou se encontrar com gente de quem não gosta – isso faz mal para a saúde –, mas, quando o fizer, esteja 100% presente, otimize o seu tempo com as pessoas, interaja e converse olhando no olho, sem se preocupar com o celular.

A ideia de aproveitar o presente, viver o agora e estar conectado com o mundo real ganhou importância

Assuma o controle das suas telas

federal no Brasil pós-pandemia. O excesso de telas e a falta de interatividade entre as pessoas fizeram o Governo Federal criar o programa Reconecte,[52] cujo objetivo é promover encontros entre as pessoas, começando dentro de casa. Nesse programa, a campanha *Refeição em família* recorda aos brasileiros o quanto sentar-se à mesa e partilhar os mesmos alimentos é um momento de troca, conversa, interação e muito olho no olho.

Será possível dar um tempo das telas e ficar somente com o mundo off-line? Nos próximos capítulos, você entenderá como isso acontece.

••• CAPÍTULO MASTIGADO

1. Tempo off-line com qualidade.
2. Reeducação em vez de restrição.
3. Recalculando a relação com o mundo real.
4. Retomando a vida off-line.

Para acessar os links utilizados neste capítulo, aponte a câmera do seu celular para o QR Code.

---

[52] PROJETO Reconecte beneficiará mais 855 famílias brasileiras. **Ministério dos Direitos Humanos e da Cidadania**, 12 abr. 2022. Disponível em: https://www.gov.br/mdh/pt-br/assuntos/noticias/2022/abril/projeto-reconecte-beneficiara-mais-855-familias-brasileiras. Acesso em: 23 abr. 2023.

REEDUCAR É DIFERENTE DE RESTRINGIR. **O PRIMEIRO** LEVA AO SUCESSO, JÁ **O SEGUNDO** PODE AUMENTAR OS SEUS PROBLEMAS.

@fabionudge

CAPÍTULO 8

PASSO 3

NOVA DIETA, NOVOS HÁBITOS

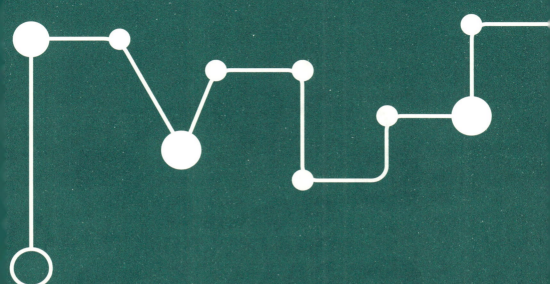

Nada muda da noite para o dia. É preciso disciplina, constância e muita disposição para transformar novas atitudes em hábitos. Eu estaria sendo otimista demais, e até ingênuo, se começasse este capítulo de maneira diferente. Não espere isso do método que lhe apresento. A mudança virá com o tempo e com as ações que você decidir tomar a partir da leitura deste livro.

Partir para dietas da informação que estejam na moda pode levá-lo a criar uma relação compulsiva com a tecnologia. Isto é, quanto mais restrito, mais vontade de acessar o conteúdo e as telas você terá. Veja como é o ciclo das dietas da moda:

A maneira de não cair nessas armadilhas é encontrar uma dieta da informação que tenha como foco otimizar a sua relação com os apps e, com isso, otimizar o seu tempo e melhorar a sua saúde mental e física. Logo, não vou propor a você um detox de telas ou um período de 100% off-line por muitos dias. Eu acho válido, sim, um distanciamento das telas, mas por um

---

[53] RODRIGO, B. Dietas da moda: 6 dicas para emagrecer sem precisar delas. **BR da Nutrição**, 17 mar. 2021. Disponível em: https://www.brdanutricao.com.br/emagrecer-sem-precisar-de-dietas-da-moda/. Acesso em 22 abr. 2023.

PASSO 3. Nova dieta, novos hábitos

curto tempo, um fim de semana, duas horas no dia, o tempo que fizer sentido para cada um. Não importa quanto tempo de desconexão faça sentido para você, o que importa é que você consiga focar o momento presente e off-line sem se deixar distrair com as telas. Eu trabalho com tecnologia e sei que ficar longe do celular e do computador é bem difícil, porque a maioria das pessoas depende da tecnologia para trabalhar, estudar e, também, se divertir.

Neste capítulo, vou propor uma série de ferramentas que podem ser facilmente aplicadas no seu dia a dia, e, com pouco tempo de dedicação, você já sentirá uma melhora significativa na sua relação com a tecnologia. Afinal, ela veio para nos ajudar, e devemos usá-la a nosso favor.

Não é tudo para agora

Quando começamos uma dieta, é comum que nos primeiros dias sintamos um pouco de fome ou tenhamos vontade de comer mais doce. Isso acontece porque o nosso organismo ainda está se acostumando com a nova quantidade de comida que ingerimos por refeição e tentando entender nossos novos hábitos, como evitar doces e açúcares.

Assuma o controle das suas telas

Isso também acontece com a informação no início dos novos hábitos. Ficamos com a sensação de que, se não lermos todos os artigos que sobem na tela de bloqueio do celular, não seremos informados o suficiente. E aqui nem estou contando as mensagens, os vídeos, textos de redes sociais e as notificações.

No entanto, não precisa (nem deve) ser assim. Você pode selecionar o que e quando quer consumir. E isso faz parte da sua dieta, não apenas porque você pode sobrecarregar o seu cérebro se ficar tentando saber de tudo a cada segundo como também porque, controlando o que e quando lê, você cria gestão:

- Da sua ansiedade: reduzindo os picos e deixando para depois o que não é importante no momento em que chegou até você;
- Do seu tempo: nem tudo será feito na hora em que acontece nem deve ser assim;
- Da sua concentração: se você guarda e separa para ler depois, não precisa parar o que está fazendo e começar outra atividade e, no fim, não concluir nenhuma delas;
- Do conteúdo: a depender do modo como você guarda esses links, você consegue separar por temas, assuntos, e, assim, selecionar os momentos de leitura por horários. O que está relacionado a trabalho no horário comercial, e o que está relacionado a interesses pessoais no seu tempo livre.

PASSO 3. Nova dieta, novos hábitos

Já existe um aplicativo (para iOS e Android) que armazena os links de modo automático e ainda categoriza por assunto, organizando tudo para o seu eu do futuro. É o Pocket.[54]

A vantagem de um app como o Pocket é que ele é totalmente integrado a vários dispositivos. Você pode salvar um link no computador, abrir no celular e escutar no som do carro enquanto está no trânsito, por exemplo. Mas, caso você não queira baixar mais um app, basta abrir o bloco de notas do seu celular e anotar os links para ler depois ou guardar em uma pasta de favoritos no seu navegador. Ou, em último caso, mande uma mensagem para você mesmo no WhatsApp e envie esses links para você. A desvantagem dessas duas últimas opções é que não há uma categorização dos assuntos e, portanto, você pode se confundir com tantos links e, aí sim, acabar perdendo algo importante.

Vale ponderar o que funciona melhor na sua rotina, mas cuidado para não criar dificuldades onde elas não existem, ok?

---

[54] EYAL, N. Best productivity tools: 6 that stuck with me. **LinkedIn**, 20 set. 2022. Disponível em: https://www.linkedin.com/pulse/best-productivity-tools-6-stuck-me-nir-eyal.. Acesso em: 23 abr. 2023.

Inbox Zero

Se tem uma coisa que desperta ansiedade e nos deixa aflitos é uma caixa de entrada cheia de mensagens não lidas. A sensação de que não estamos dando conta do trabalho, de que algo importante está passando despercebido e de que não vamos nunca conseguir responder a todos os e-mails toma conta da nossa mente. E não passa.[55]

A boa notícia é que há uma solução para isso. O método que mudou minha vida e minha relação com e-mails é chamado Inbox Zero e foi criado por Merlin Mann, especialista em produtividade.[56] Ao criar o Inbox Zero, Merlin tinha como objetivo otimizar o tempo que passava lendo e respondendo a e-mails. A proposta dele se baseia em uma categorização das mensagens recebidas.

Sim, é possível criar categorias na sua caixa de e-mail para que toda nova mensagem que chegar seja direcionada à categoria correta. E, nesse ponto,

---

[55] PLAYLIST InboxZero. **YouTube**. Disponível em: https://www.youtube.com/playlist?list=PLaO6y-IFNKXP_e_I8jR8HUoQPBRNptDIc. Acesso em: 23 abr. 2023.

[56] FRIESEN, S. Inbox Zero não é zerar sua caixa de entrada. Saiba como usar! **Trello**, 19 set. 2017. Disponível em: https://blog.trello.com/br/inbox-zero. Acesso em: 23 abr. 2023.

PASSO 3. Nova dieta, novos hábitos

é importante hierarquizar essas categorias em três pontos:

- Agir urgente: mensagens cujo remetente ou conteúdo demandam urgência, que você responda com agilidade. Os e-mails do seu líder, por exemplo, entram nessa categoria.
- Aguardar: e-mails que não dependem só de você para serem respondidos ou aqueles nos quais você está inserido apenas para ser notificado, recebendo um comunicado que vale para todos. Um relatório de vendas da semana, por exemplo.
- Tempo de atenção: mensagens que exigem que você dedique um tempo extra para a leitura. Podem ser os e-mails que chegam com o sinal de importante ou, até mesmo, os relatórios mais espaçados, análises complexas, fechamentos de mês etc.

Ao categorizar os e-mails desse modo, a sua caixa de entrada sempre estará organizada, o que não quer dizer que estará sempre vazia, como algumas pessoas interpretam erroneamente pelo nome do método. Criar categorias para direcionar cada e-mail para a sua respectiva caixa faz com que você deixe de ser notificado a cada e-mail novo e passe a acessar o que deve ler por ordem de prioridade.

Assuma o controle das suas telas

Para que isso continue funcionando, você deve desabilitar notificações de novos e-mails e decidir em que momento do dia vai verificar os novos e-mails. Assim, com toda certeza, não perderá nada importante e, mais do que isso, organizará o que realmente precisa da sua atenção e definirá quando deve ficar mais alerta ou acompanhará as mensagens em um ritmo mais tranquilo e sem ansiedade.

É claro que, para isso acontecer, é preciso um passo anterior: uma limpeza da caixa de entrada. Zerar e deixar tudo lido. Se a quantidade for enorme, não se apavore, você pode criar as regras para os novos e-mails e realizar a leitura dos que já estão na sua caixa de trás para a frente. Claro que isso não precisa ser feito em um único dia. Você pode reservar um período do seu dia durante a semana para se dedicar a isso.

Alguns gerenciadores de e-mails chamam essa categorização de Filtros Inteligentes, como o Gmail, por exemplo, que eu uso e recomendo. Neste exato momento, enquanto escrevo este livro, tenho duas contas de e-mail separadas – uma para assuntos pessoais e a outra para profissionais – e um total de 372 filtros inteligentes. São como robôs que trabalham por mim para categorizar os e-mails e tomar decisões de prioridade sobre eles. À medida que faz isso, você vai perceber que nem todos os e-mails que chegam devem receber o mesmo nível de atenção, importância e urgência.

É VOCÊ QUEM CONTROLA O SEU TEMPO E, PORTANTO, **CABE A VOCÊ PENSAR** A SUA AGENDA.

@fabionudge

Assuma o controle das suas telas

Alguns são importantes, outros urgentes, outros podem ficar para depois e outros são desnecessários.

Agenda proativa

Como o nome sugere, você precisa ser proativo com a sua agenda e não esperar de maneira passiva que outras pessoas preencham o que você vai fazer com o seu tempo, com a sua vida. Não espere que a demanda venha do outro. É você quem organiza e prioriza a sua agenda. Se não priorizar o que quer fazer com o seu tempo, os outros vão preenchê-lo para você com as prioridades deles, e você perderá o controle do que lhe é importante.

Mas como assim, Fabio? Eu não tenho esse controle no trabalho.
Tem, sim! E eu posso provar.

Há certos compromissos que são estabelecidos com bastante antecedência, aos quais você precisa comparecer. Por exemplo, reuniões semanais e mensais, que se repetem e não têm alteração. Quando mudam, se mudam, é por eventos inesperados.

Isso vale também para as suas atividades e inclui tempo de dedicação para tarefas no dia, atividades

PASSO 3. Nova dieta, novos hábitos

físicas, pausas entre uma tarefa e outra, entre uma reunião e outra. É você quem controla o seu tempo e, portanto, cabe a você pensar a sua agenda. Se deixar essa tarefa nas mãos dos outros, eles é que vão definir o que é importante e o que não é importante no seu dia a dia.

Priorize as suas urgências e antecipe-se às eventuais demandas dos outros. Em geral, as pessoas costumam respeitar as agendas compartilhadas e só ocupam as janelas disponíveis, ou seja, o que está em branco, livre na sua agenda.

Veja o exemplo da minha agenda:

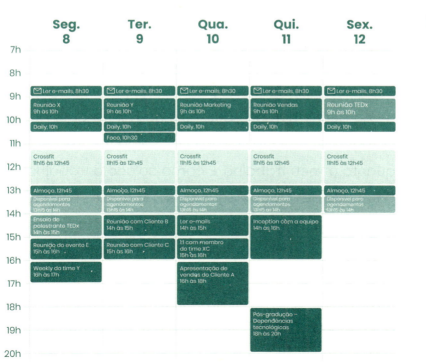

Assuma o controle das suas telas

Lembre-se: se você tiver muitas janelas, alguém vai ocupá-las com compromissos.

Mas será que você reparou mesmo na minha agenda? As pessoas mais atentas costumam me perguntar por que eu coloco atividade física, alimentação e horários de lanches na agenda que compartilho com os meus colegas de trabalho. Bom, a resposta é muito simples e mudou a minha relação de comprometimento com a minha saúde física e mental. Reservar um horário para me exercitar e para fazer as minhas refeições é me comprometer com o meu "eu" do futuro, garantindo que terei tempo para me dedicar a mim, sem que ninguém me interrompa ou sem que eu mesmo abra mão disso porque apareceu algo "mais importante" ou "mais urgente".

Ao definir horários pessoais na minha agenda, eu categorizo a minha saúde como algo tão importante quanto o meu trabalho. E como coloco o trabalho na categoria de coisas inegociáveis, as quais eu tenho de cumprir ou perco o emprego, conto ao meu cérebro que o exercício também é inegociável, já que está na minha lista de compromissos diários e que se repetem. Agindo assim, dificilmente me deixarei levar pelo pensamento de que não preciso fazer ou de que não é importante.

PASSO 3. Nova dieta, novos hábitos

"A agenda proativa me ajudou a combater a procrastinação" foi o que relatou Diego Brunos, empresário de marketing digital, em entrevista para este livro, ao contar como ele passou a usar essa ferramenta e os resultados que vem alcançando. Diego e eu somos mentores um do outro em diversas áreas das nossas vidas. Eu apresentei a ferramenta para ele em uma das nossas sessões de mentoria mútua. Diego criou o hábito de todo domingo planejar a agenda da semana que está começando na segunda, pois é importante separar o momento do planejamento do momento da execução daquilo que foi planejado.

"Antes de usar a agenda proativa, eu deixava para depois o que tinha que fazer, adiava reuniões importantes do trabalho, não fazia minha caminhada no horário que deveria. Depois de usar essa ferramenta, percebi que as atividades que colocava lá, eu as realizava! Principalmente porque assumi esse compromisso comigo mesmo e com outras pessoas quando adicionei a atividade na agenda", disse Diego muito satisfeito com os resultados que vem obtendo com o uso da ferramenta. Diego configura as categorias das atividades de cores diferentes no Google Agenda, por exemplo, reuniões de trabalho com outras pessoas estão em azul, já o tempo de qualidade com família está marcado em verde.

Assuma o controle das suas telas

De uma maneira simples e resumida para você aplicar a ferramenta Agenda Proativa, siga os passos a seguir:

- Escolha um dia da semana para planejar a sua agenda da semana seguinte; minha sugestão é sexta, sábado ou domingo;
- Toda semana, planeje a semana seguinte de maneira proativa;
- Inclua compromissos que já tem certeza de que quer cumprir. Lembre-se de que algumas ferramentas de agenda como o Google Agenda, por exemplo, têm a funcionalidade de compromissos recorrentes, como exercício físico todos os dias da semana às 8 horas da manhã;
- Adicione atividades que você queira fazer, novos hábitos que deseja criar, por exemplo, meditar, ler um livro, além de reuniões importantes para sua vida pessoal e trabalho;
- Deixe janelas disponíveis para atividades que vão surgir durante a semana.

InfoEtiqueta: a nossa etiqueta de informação

A agenda proativa e o Inbox Zero são excelentes ferramentas que nos auxiliam na relação com o consumo

PASSO 3. Nova dieta, novos hábitos

de informação. Mas só esses dois recursos não bastam para que você tenha constância na dieta da informação. Para isso, precisa assumir o controle das ações que executa a partir da chegada de informações. E, por esse motivo, apresento a categorização que criei com base nos níveis de urgência e tempo de resposta.

Você sabe quais são os e-mails e mensagens que não pode deixar de responder? Sabe quais não precisa responder, mas deve acompanhar? E mais, sabe os que não precisa nem ler se não tiver tempo?

Pois bem, há um tempo, eu não saberia responder a essas perguntas e ficaria ansioso, me sentindo culpado por não ter feito o que precisava fazer, tentaria ler tudo, responder tudo e dar conta de tudo. E já sabemos que eu me frustraria na primeira metade do dia, pois é impossível dar conta de tudo, principalmente se não souber por onde começar.

Ao estabelecer a minha dieta, tracei as minhas próprias métricas, tomando como base os feedbacks negativos que recebi de colegas e amigos por ter deixado algo importante passar ou por ter perdido algum prazo. Sim, eu fiz dos limões uma limonada e criei categorias para que não deixasse mais nada passar despercebido por mim e não me sentir mais sobrecarregado e com sensação de não ter dado conta.

Assuma o controle das suas telas

Inspirado pelo conceito da Netiqueta, a etiqueta da internet, que é conhecida como "o conjunto de boas maneiras e normas gerais de bom senso que proporcionam o uso da internet de forma mais amigável, eficiente e agradável",[57] criei a ferramenta chamada InfoEtiqueta – a nossa etiqueta de informação. É uma maneira de alinharmos expectativas de boas práticas, o que é esperado pelas pessoas que estão enviando e recebendo informações umas das outras.

Tempo de resposta, por exemplo, é um dos grandes causadores de problemas como "Ah, eu lhe enviei essa mensagem e você demorou para responder, como assim? O que aconteceu?". Portanto, dentro da Info-Etiqueta é importante deixar claro quanto tempo em média demoramos para responder a mensagens dependendo do canal pelo qual a informação foi enviada. Em uma das minhas equipes de trabalho, eu deixei isso bem claro com a tabela a seguir, que relaciona nível de urgência, canal de comunicação e tempo de resposta esperado.

---

[57] DANTAS, T. Netiqueta. **Mundo Educação**. Disponível em: https://mundoeducacao.uol.com.br/informatica/netiqueta.htm. Acesso em: 23 abr. 2023.

PASSO 3. Nova dieta, novos hábitos

Nível de urgência	Canal	Tempo de resposta	Quando usar
1 - 🫣	Ligação	Na hora, se possível.	Se o assunto for urgente.
2 - 😬	WhatsApp (privado)	Em minutos ou, no máximo, uma hora, nas pausas entre tarefas.	Se quiser uma resposta rápida.
3 - 🥴	E-mail diretamente para a pessoa	Em até um dia, se necessário.	Para assuntos menos urgentes e que não necessitam de uma resposta imediata.
4 - 🙂	E-mail em cópia	Importante ler, mas não exige resposta.	Apenas para conhecimento dos contatos copiados. Não espere resposta.
5 - 😌	WhatsApp (grupo)	Depende muito do grupo, mas normalmente não exige resposta rápida.	Se quiser comunicar várias pessoas, mas não precisar de resposta rápida.
6 - 😌	E-mail para uma lista	Não exige resposta.	Se o destinatário não ler, não tem problema.

É importante comunicar isso para as pessoas com quem você troca informação: sua família, amigos, colegas de trabalho. Desse modo, todos sabem como e quando entrar em contato e qual tempo de resposta esperar de você. Se for urgente, liga. Se não precisar de uma resposta no mesmo dia, manda um e-mail. Esse é um exemplo de InfoEtiqueta.

Assuma o controle das suas telas

É incrível, não é? Hoje, além de não perder nada, não me sinto sobrecarregado. Se você quiser se sentir assim, sugiro usar essa ferramenta, adaptando os tempos de resposta aos seus canais de comunicação. Antes, porém, vale a reflexão sobre os seus canais de comunicação e as suas prioridades. Você é quem sabe!

DEFININDO O TEMPO DE RESPOSTA

Quais assuntos são importantes para você no trabalho?

_____

_____

_____

Quem não pode ficar sem resposta?

_____

_____

Os projetos que estão sob sua responsabilidade são acompanhados por mais alguém além de você?

_____

_____

_____

Você tem poder de tomada de decisão em algum projeto do qual está participando?

_____

_____

_____

PASSO 3. Nova dieta, novos hábitos

Quais são os canais de comunicação usados dentro da empresa em que você trabalha?

_____

_____

Essas perguntas têm como objetivo mapear as ações mais importantes do seu dia. É com base nessas respostas que você criará as próprias métricas de importância, de tempo, de resposta e de uso.

Preencha aqui a sua tabela de importância:

Nível de urgência	Canal	Tempo de resposta	Quando usar
1 - 😱	Ligação		
2 - 😬	WhatsApp (privado)		
3 - 😝	E-mail diretamente para a pessoa		
4 - 😊	E-mail em cópia		
5 - 😌	WhatsApp (grupo)		
6 - 😊	E-mail para uma lista		

Assuma o controle das suas telas

Equilíbrio no mundo real e no virtual

Aos poucos, ao adotar os exercícios propostos aqui, você começará a perceber uma melhoria no seu tempo e no modo como se relaciona com a tecnologia e com a informação que produz e consome. Não precisa deixar de acessar as telas nem de usar aplicativos, checar e-mails ou ler notícias.

O que você deve conquistar é o equilíbrio entre o que está na sua tela e o que está ao seu lado, no presente e no momento real. Só assim encontrará o ponto certo para manter uma relação de qualidade com a tecnologia.

Mas isso é assunto para o próximo capítulo.

••• CAPÍTULO MASTIGADO

1. Inbox Zero é possível com a criação de categorias para organizar as suas mensagens logo que elas chegam à caixa de entrada.
2. Tudo pode ser lido e assimilado desde que seja realizado no momento apropriado.
3. Você é gestor do seu tempo; se não cuidar da sua agenda e não priorizar o que é importante, alguém o fará.

Para acessar os links utilizados neste capítulo, aponte a câmera do seu celular para o QR Code.

O QUE VOCÊ DEVE CONQUISTAR É O **EQUILÍBRIO** ENTRE O QUE ESTÁ NA SUA TELA E O QUE ESTÁ AO SEU LADO, NO PRESENTE E NO MOMENTO REAL.

@fabionudge

CAPÍTULO 9

PASSO 4

VOLTE PARA O PASSO 2 E FAÇA TUDO DE NOVO

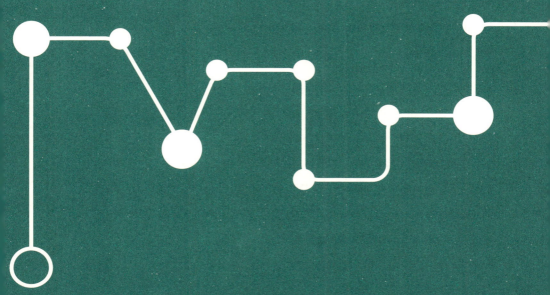

E agora, acabou?
O método foi apresentado, mostrei como você pode aplicá-lo e quais as eficácias de cada uma das fases. Logo, pode-se concluir que nunca mais precisaremos de ajuda no que se refere à tecnologia e consumo de informação, certo? Errado.

Esse é um processo que nunca acaba. A principal razão, mas não a única, é porque nós estamos em constante evolução. Eu, por exemplo, neste momento, sou uma pessoa completamente diferente da pessoa que começou a escrever este livro. E veja que o processo de escrita dele não chegou a levar um ano. Se mudamos, obviamente o que seguimos hoje como dieta da informação pode não fazer sentido amanhã.

Assuma o controle das suas telas

Este capítulo tem como objetivo mostrar a você como se manter em constante transformação no que se refere à dieta da informação. De um modo bastante simplificado, a ideia é que você volte aos passos 2 e 3, ou seja, que suba na balança de novo e reveja a sua dieta e os seus hábitos, recomeçando sempre que achar necessário.

Mas não é só isso. O segredo não está apenas em refazer os passos anteriores, mas se conhecer a ponto de identificar o momento certo de voltar as atenções para a sua relação com a tecnologia.

Você chegou até aqui e sabe o que passou até conseguir mudar o modo como se comporta diante da informação, da tecnologia. Reconhecer quando os sintomas começam a aparecer de novo pode ser mais simples se você estiver atento.

Lembre-se deles:

▌ Cansaço extremo;
▌ Dificuldade para se concentrar;
▌ Incapacidade de concluir uma tarefa antes de começar outra;
▌ Sensação de que não está dando conta de tudo;
▌ Sensação de que não sabe tudo e sempre está perdendo algo;
▌ Desatenção;

PASSO 4. Volte para o passo 2 e faça tudo de novo

- Sedentarismo;
- Falta de vontade de interagir com as pessoas;
- Noites maldormidas;
- Preferência pela tecnologia aos encontros ao vivo.

Todos esses sintomas são um sinal de alerta, mostram que algo não vai bem, que é preciso olhar com mais atenção para o modo como você tem vivido.

A tecnologia está sempre um passo, ou mais, à frente de nós, e só esse ponto já nos impossibilita de sabermos tudo o tempo todo.

Você não é máquina e não tem de dar conta de tudo, de saber tudo. Conhecer a tecnologia, ter uma vida ativa nas redes sociais é parte da nossa vida e é até uma necessidade para a nossa carreira profissional. Mas não conhecer todas as novidades inovadoras do mundo digital não faz de você um ser humano pior. Tenha sempre em mente que não somos capazes de acompanhar todas as mudanças do mundo externo o tempo todo. E está tudo bem.

A qualquer sinal de cansaço mental, é importante que você siga os passos a seguir:

- Mantenha uma dieta saudável e equilibrada.
- Faça exercício físico de modo habitual, já que é comprovado que a prática aumenta a produção de endorfina e

Assuma o controle das suas telas

serotonina no corpo, que são os hormônios responsáveis pela sensação de bem-estar, vitalidade e satisfação.[58]

- Respeite seus momentos de desconexão do trabalho, dos estudos. O ócio tem um valor positivo real no seu equilíbrio emocional.

- Não guarde as suas preocupações só para você. Falar sobre isso com pessoas de confiança, familiares, amigos ou até com um profissional como um psicólogo, por exemplo, ajuda a diminuir a ansiedade e, quem sabe, ver o problema sob uma nova perspectiva.

- Exercite o seu lado criativo com atividades que estimulem pensamentos livres e positivos.

- Crie o hábito de escrever sobre aquilo que preenche seus pensamentos. Poder ler seus comentários e refletir sobre eles amplia a consciência sobre seus processos. Bem como ponderar sobre certas questões do tipo: Como posso melhorar? Depende de mim mudar o que estou sentindo ou depende de fatores externos? Por que continua me incomodando algo que já é passado?

Isso vale como um sinal de alerta para qualquer fase da dieta em que você estiver. Nós mudamos, transformamos a nossa relação com a informação e com

---

[58] DE FREITAS, E. V. 5 hormônios liberados na atividade física e os efeitos surpreendentes no seu corpo. **Unimed Fortaleza**, 8 jun. 2022. Disponível em: https://www.unimedfortaleza.com.br/blog/movimente-se/hormonios-liberados-na-atividade-fisica. Acesso em: 23 abr. 2023.

PASSO 4. Volte para o passo 2 e faça tudo de novo

o digital e, justamente por isso, temos de nos manter vigilantes. No dia a dia, com o excesso de estímulos e informações que chegam até nós, por hábito ou por acreditar que estamos fazendo pequenas pausas, interrompemos as nossas tarefas para dar uma olhadinha nas redes sociais, ler notícias ou atualizar o Twitter. E, para se ter uma ideia, somente essa espiadinha de leve, de cerca de trinta segundos, nos leva mais 23 minutos e quarenta segundos para retomar o foco e concentração total no que estávamos fazendo antes.[59] Logo, a ideia de se manter atento e perceber o que vem nos distraindo é um importante passo para a manutenção da eficácia do método.

Urgente é diferente de importante

Nem tudo é urgente. Algumas tarefas podem ser deixadas para depois. E há ainda aquelas que nem precisam ser feitas. Mas nem sempre é fácil encontrar o caminho para a tomada de decisões no trabalho.

Se você está entre aqueles que não sabem definir a prioridade das tarefas devido à enorme quantidade

---

[59] THORNE, B. How distractions at work take up more time than you think. **I Done This**, 13 fev. 2020. Disponível em: http://blog.idonethis.com/distractions-at-work/. Acesso em: 23 abr. 2023.

Assuma o controle das suas telas

de informações e de demandas que chegam a você ao longo do dia, está na hora de mudar isso. E a Matriz de Eisenhower, uma ferramenta de gestão de tempo e prioridade que usa os conceitos de importância e urgência para definir quais tarefas devem ser feitas imediatamente, quais devem ser deixadas para depois, quais podem ser delegadas e quais podem ser descartadas, vai ajudá-lo nessa missão.[60]

Para usá-la, é simples, uma vez que o que ela faz é dividir as tarefas em quatro quadrantes diferentes.

	Urgente	Não urgente
Importante	1º Quadrante **"Faça agora"**	2º Quadrante **"Agende"**
Não importante	3º Quadrante **"Delegue"**	4º Quadrante **"Elimine"**

[60] MATRIZ de Eisenhower: o que é, quais as vantagens e como usar [+ template]. **Resultados Digitais**, 26 jul. 2022. Disponível em: https://resultadosdigitais.com.br/marketing/matriz-de-eisenhower/. Acesso em: 23 abr. 2023.

PASSO 4. Volte para o passo 2 e faça tudo de novo

E é aí que você começa a entender o conceito de importante e urgente. Nem tudo é urgente e nem tudo é importante. Entender esses pontos é fundamental para manter uma categorização da sua base de informação.

Nós mudamos, e a nossa dieta deve mudar junto

Lembre-se de que nenhuma mudança ocorre do dia para a noite, e esse método é cíclico. Então, uma vez que chegou até aqui, vale a pena subir na balança digital mais uma vez e ver onde está. Essa jornada é longa e exige muita dedicação, então, se precisar passar por esse ciclo várias vezes, isso é normal e faz parte do processo de expansão da consciência e ganho de uma vida melhor e mais próxima do tão desejado infofitness.

O mesmo acontece em uma dieta nutricional tradicional. Depois de identificado o ponto a ser trabalhado, dá-se início ao plano alimentar. Ao colocar esse plano em prática, seguindo certinho, com atividade física, a pessoa naturalmente ou perde peso e reduz medidas, ou ganha massa muscular, dependendo dos seus objetivos quando começou a dieta. E isso vai bem durante um determinado período. Se a pessoa quiser continuar perdendo peso, ganhando massa magra e

Assuma o controle das suas telas

conquistando os seus objetivos, ela deverá mudar de estratégia. É o chamado efeito platô: a pessoa segue fazendo tudo certinho, mas o metabolismo já não responde mais àquela tática e, com isso, deixa de perder peso. Uma mudança de dieta se faz necessária.

No mundo tecnológico, devemos ainda atentar para as constantes evoluções tecnológicas: a criação de novas redes sociais, a digitalização dos bancos, a enorme quantidade de streamings disponíveis, o acesso cada vez mais democratizado a celulares e computadores, os meios criados para realização de eventos, a divulgação do conhecimento por meio de eventos on-line etc. Quando estamos seguindo uma dieta da informação, não caímos em diversas tentações que tornam a vida cada vez mais digital e mais distante do mundo real. Temos consciência de que, na frente de uma tela, está um ser humano de carne e osso que não dá conta de tudo, mas pode (e deve) controlar a sua relação com a tecnologia.

Ao se deparar com possíveis recaídas, a ideia não é seguir dietas da moda, mas identificar o que não vem funcionando para você. Lembrando que você não é o mesmo e, com bastante frequência, seus gostos e usos de aplicativos podem mudar, assim como seus objetivos, fazendo com que uma dieta diferente seja necessária para atingir essas novas metas.

PASSO 4. Volte para o passo 2 e faça tudo de novo

Redefinir o seu peso digital, identificando quais são os pontos de alerta, é o melhor caminho. Foi o que aconteceu, por exemplo, com Arthur Lucena, que se viu perdido em meio a tanta tecnologia no início da pandemia de covid-19 e à migração para o trabalho 100% remoto. Segundo Arthur me disse, em entrevista para este livro, o fato de estar em casa o tempo todo criou nele a ideia de que poderia (e deveria) otimizar o tempo para fazer mais de uma coisa enquanto trabalhava, como colocar roupa para lavar, adiantar o almoço ou organizar alguma entrega de correio.

Com o avançar dos dias, ele começou a se sentir sobrecarregado e com as pendências do trabalho e de casa mais acumuladas do que antes. O que ele estava fazendo de errado? A pergunta não saía da cabeça de Arthur. Para ele, por estar em casa a todo instante, sem ninguém do trabalho para interromper para pedir algo novo ou fazer algum comentário fora de contexto, tudo deveria fluir melhor e mais rápido. E, ao contrário do que ele previu, não foi assim que as coisas aconteceram.

Ele começou a se atrasar para algumas reuniões porque estava tirando a comida do forno, a se esquecer de outras porque não percebia o *invite* em meio a tantos e-mails, a deixar roupa na máquina porque uma ou outra reunião acabava se estendendo mais do que o previsto e, por fim, a demorar muito mais tempo

Assuma o controle das suas telas

para concluir as mesmas atividades que executava no escritório.

Arthur estava na linha do excesso de informações e não percebia.

Só foi se dar conta disso quando a falta de concentração e o cansaço extremo começaram a dominar sua rotina. Com o sinal vermelho piscando, ele deu início ao processo de subir na balança e entender seu peso digital.

A rotina havia mudado, estava em casa o tempo todo, mas trabalhar de casa:

- Não significa que você tem de dar conta de tudo;
- Não significa que você não tem que ter um horário de trabalho bem definido;
- Não significa que você não precisa realizar pausas, descansar, falar com colegas ou praticar atividades físicas;
- Não o transforma em uma pessoa multitarefa;
- Não significa, automaticamente, otimizar o seu tempo.

Foi só com o cansaço evidente e com o trabalho não sendo realizado como estava habituado que Arthur decidiu mudar a sua relação com as informações e atividades. E percebeu que passava mais tempo nas redes sociais do que imaginava, não concluía as tarefas porque toda hora era interrompido por notificações de

PASSO 4. Volte para o passo 2 e faça tudo de novo

e-mails e mensagens e, por fim, havia abandonado os métodos de organização que tinha na empresa, já que estava em casa e não era interrompido por ninguém.

Ao perceber tudo isso, Arthur logo viu melhora ao fazer os seguintes ajustes:

- Restringir o uso de redes sociais;
- Silenciar as notificações de mensagens e aplicativos, estabelecendo dois horários no dia para respondê-las;
- Retomar o hábito de anotar as tarefas do dia, hierarquizando as prioridades; e
- Separar um horário para se dedicar exclusivamente ao trabalho, mesmo estando em casa o tempo todo.

O que se conclui com a experiência de Arthur: nem tudo sai como planejamos, e não é porque funcionava de um jeito que precisa seguir funcionando o tempo todo.

Reconhecer as mudanças, perceber os efeitos delas sobre nós e sobre o que fazemos é importantíssimo para manter uma relação saudável com a tecnologia. Você não precisa se desconectar de tudo, deixar de ter acesso à informação, mas também não precisa adoecer por conta do excesso de informações e de telas na sua vida.

Você pode (e deve) encontrar o que funciona para você. Isso é saúde. Cuidar de si mesmo e manter-se

Assuma o controle das suas telas

saudável só diz respeito a você e a mais ninguém. Não deixe para depois o que você pode mudar (e melhorar) hoje.

> ••• **CAPÍTULO MASTIGADO**
>
> Você muda o tempo todo e, com isso, a sua relação com a tecnologia e com a informação que você produz e consome também muda. Saber disso é importante para que você mantenha uma relação saudável com o mundo digital.
> 1. Mudanças acontecem o tempo todo na nossa vida e, principalmente, no meio digital.
> 2. Evoluir é aceitar a mudança e ver o que faz sentido para você no momento, e não tentar se adaptar a tudo a qualquer custo. Você não vai dar conta e vai acabar se frustrando.
> 3. O que fez sentido no passado pode não fazer sentido hoje. E está tudo bem. Mudar faz parte.
> 4. A balança digital é uma ferramenta necessária – não negligencie esse passo do método.
> 5. Voltar ao ponto inicial e adotar uma nova dieta não é sinal de derrota, ao contrário, é evolução e manutenção da saúde.

Para acessar os links utilizados neste capítulo, aponte a câmera do seu celular para o QR Code.

VOCÊ NÃO PRECISA SE DESCONECTAR DE TUDO, DEIXAR DE TER ACESSO À INFORMAÇÃO, MAS TAMBÉM NÃO PRECISA ADOECER POR CONTA DO

EXCESSO DE INFORMAÇÕES

E DE TELAS NA SUA VIDA.

@fabionudge

CAPÍTULO

10

VOCÊ NÃO ESTÁ SOZINHO!

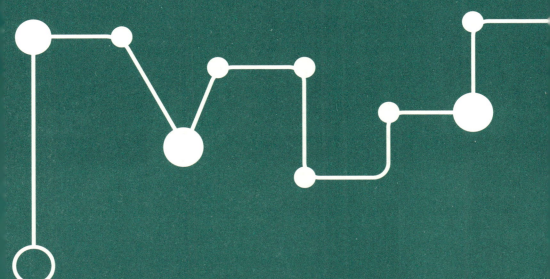

Junte-se a uma das comunidades de pessoas que buscam os mesmos objetivos que você e estão passando pelos mesmos desafios. Leve esse assunto para discussão na família, em grupos de amigos e de pessoas em quem confia. Quanto mais falamos dos nossos problemas, mais simples eles se tornam. Não tenha medo de expor para os outros o que acontece (ou aconteceu) com você. Pode ser que, de algum modo, a outra pessoa esteja passando pela mesma situação, e isso pode ajudar os dois lados.

Além disso, a tecnologia não deixará de existir. Saber usá-la é fundamental para ter uma vida melhor, ter sucesso nos negócios e no seu crescimento pessoal e

Assuma o controle das suas telas

profissional. Por isso, você precisa saber encontrar um equilíbrio no seu dia a dia.

Encontrar uma rotina com sentido e equilibrada entre o mundo digital e o mundo real, físico, é o melhor caminho para encontrar a motivação e a eficácia no método que dá forma a este livro.

Você não vai se afastar das telas, não vai deixar de consumir conteúdo, mas vai achar mais atividades e mais prazer fora das telas também.

Nessa linha, o que proponho é que você se torne o protagonista das próprias escolhas. E isso, claro, envolve a tecnologia. Lembre-se: você não é máquina e, portanto, está nas suas mãos controlar tudo que a tecnologia e as informações que chegam até você podem fazer na sua vida.

Lembre-se de que nós não "temos que" nada... Você não precisa fazer algo só porque todos estão fazendo; isso se chama efeito manada; você quer seguir a manada sem ter opinião própria? Assumir um posicionamento mais crítico e selecionar o que quer, de verdade, fazer, acessar, ler, escutar, assistir, é um passo na direção certa para o que realmente importa para você. E você só define isso ao assumir que precisa melhorar a relação com a tecnologia e com a informação.

Por mais estranha que possa parecer a frase a seguir, acredite, é real: há vida além das telas, além da

HÁ VIDA ALÉM DAS TELAS, ALÉM DA INTERNET E ALÉM DAS INFORMAÇÕES.

@fabionudge

Assuma o controle das suas telas

internet e além das informações. Ao despertar o seu olhar para o limite da tecnologia na sua vida, você abre espaço para que outras atividades sejam realizadas.

Dedique-se a descobrir prazer, alegria e bem-estar no mundo fora das telas. Para isso, é preciso que você olhe ao seu redor e perceba como organiza o seu cotidiano para encaixar atividades longe das telas. Mexa-se, você consegue!

- Comece uma atividade física e mantenha uma rotina. O exercício físico faz bem para o corpo e a mente.
- Saia com os amigos. Dedique um tempo de qualidade, longe do celular, com as pessoas que tanto estão presentes na sua tela.
- Passe momentos de qualidade com a sua família. Nem tudo está no celular e nas telas.
- Leia livros físicos ou em dispositivos especializados para e-books, mas foque a leitura e não se distraia a cada notificação do celular.
- Coloque em prática um hobby, como cozinhar, fotografar, costurar, bordar etc. Faça qualquer atividade que exija sua atenção máxima e que seja fora das telas.

Há vida além das telas, sim. E ela é muito mais interessante do que você imagina!

Você não está sozinho!

Compartilhar também transforma

É claro que o que apresento aqui é apenas uma introdução, um convite à mudança. Para que uma transformação mais profunda e mais focada na sua individualidade aconteça, recomendo que você procure um profissional da área, um nutrinfo (nutricionista da informação) ou realize uma mentoria focada nessa questão.

Preciso fazer um adendo também e informar que, embora eu seja um estudioso do assunto e especialista na área de nutrição da informação, já existe especialização para isso, ainda que não haja uma profissão específica que leve à frente esse termo. No entanto, sonho com o dia em que isso se torne realidade. Quem sabe, no futuro, haverá universidades de Nutrição da Informação, um órgão regulador da profissão, certificados, eventos, conferências mundiais falando sobre o assunto e, até mesmo, ser um tema abordado oficialmente pela Organização Mundial da Saúde (OMS)?

Enquanto escrevo este livro, somente existem alguns mentores, instrutores, coaches focando áreas como produtividade, mas um profissional na mesma dimensão de um nutricionista alimentar para a informação e tecnologia ainda não existe. É por isso que me considero o primeiro Nutricionista da Informação Nutrinfo, ao

Assuma o controle das suas telas

comprovar a eficácia do meu método primeiro comigo mesmo e depois com diversos outros mentorados.

Também é importante dizer que existem vários profissionais de áreas da saúde, como psicólogos, psiquiatras, terapeutas, psicoterapeutas, que estão se especializando no tratamento de dependência tecnológica e de internet, comportamento digital, vício no celular, distúrbios de jogos e outros assuntos relacionados. Assim, sugiro buscar um profissional com essas características, e você também estará em boas mãos.

O importante é que não deixemos de abordar a questão, que não nos calemos diante do avanço da tecnologia e da nossa dificuldade de lidar com o excesso de informação. Sabe o que seria bem legal? Você criar um grupo no seu trabalho para discutir o assunto da síndrome da infobesidade. Pergunte quem está passando por desafios parecidos; tenho certeza de que você se surpreenderá com a quantidade de pessoas que confessarão estar enfrentando as mesmas dificuldades.

Na sua casa, com a sua família e amigos, traga esse assunto para ser discutido em momentos de lazer; na hora de uma refeição em família, pergunte o que as pessoas acham e compartilhem experiências, dúvidas e suas dietas de informação. Talvez o que uma pessoa

Você não está sozinho!

esteja fazendo pode ajudar a outra. Afinal, parte da nossa transformação acontece nos grupos de pessoas com as quais convivemos.

••• CAPÍTULO MASTIGADO

1. Falar sobre os seus problemas é transformador.
2. Você não está sozinho – o outro pode ajudar você.
3. A mudança de hábitos é constante e estar atento a isso é manter-se saudável.

Para acessar os links utilizados neste capítulo, aponte a câmera do seu celular para o QR Code.

CAPÍTULO

11

VAMOS COMEMORAR, MAS NÃO PARAR DE MUDAR!

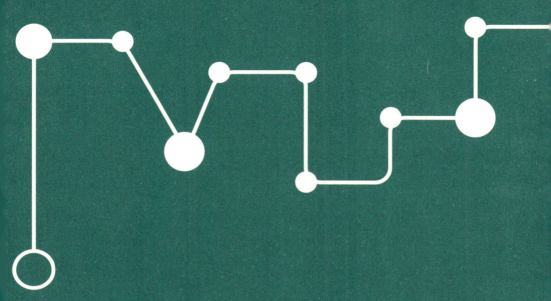

Ufa, chegamos ao fim do livro! Espero que você tenha percorrido um belo caminho até aqui, e que eu tenha despertado o seu olhar para a vida infofitness. Meu objetivo é que, com a jornada da infobesidade, você descubra o que realmente importa na sua vida. Que o seu tempo seja, de fato, focado no que importa e em quem importa.

Assim, como nutrinfo, espero ter despertado em você o desejo de assumir o comando da sua vida e que, ao subir na balança digital, você consiga definir o que é melhor, quando é melhor e como fazer.

Fiz essa caminhada com você, ajudando o máximo que podia, mas tenha em mente que o mérito é todo seu. Você decidiu não ignorar o seu problema com o

Assuma o controle das suas telas

excesso de tecnologia e informação na sua vida. Você percebeu como isso estava lhe fazendo mal. Você escolheu lidar com esse problema! Comprou este livro, seguiu o método e aqui está.

Isso é grandioso! Não permita que ninguém lhe diga o contrário. Como dizem por aí, a vida lhe deu limões e você fez uma baita de uma limonada com eles.

Esse é o seu despertar para um mundo novo, cheio de possibilidades e muito melhor do que o mundo em que você está vivendo hoje. Você se dedicou a encontrar equilíbrio entre o virtual e o mundo real, e agora tem todas as ferramentas para otimizar as tarefas do seu dia a dia.

Todo esse conhecimento adquirido serviu como uma alavanca para uma vida mais organizada, para o seu novo "eu" mais confiante e mais hábil na liderança de pessoas e gestão de tempo. A alavanca estava lá, mas se você não estivesse disposto a reconhecer que precisava dela, a tentar entender como sua engrenagem funcionava e, por fim, a confiar na força dela, nada teria acontecido.

Ao assumir uma postura proativa, colocando-se como líder de suas ações e escolhas, você tomou em suas mãos o controle sobre a tecnologia e as informações e definiu o que de fato lhe interessa. E agora, por conta disso, poderá desfrutar de melhores condições

QUE O SEU TEMPO SEJA, DE FATO, FOCADO **NO QUE IMPORTA E EM QUEM IMPORTA.**

@fabionudge

Assuma o controle das suas telas

de trabalho e de organização na sua vida e até impactar positivamente a vida das pessoas que estão ao seu redor.

Viu como não foi pouca coisa o que você fez?

O que esperar do futuro

Com a dieta da informação, você elimina as crises de ansiedade ou mal-estar aos domingos à noite, porque sabe exatamente quais são as mensagens importantes na sua caixa de entrada e que requerem a sua atenção. Ao organizar a sua agenda de maneira ativa, você evita encher o seu dia de compromissos e terminá-lo com a sensação de que não fez nada para você ou que abriu exceções para todo mundo, deixando o seu trabalho em segundo plano. Isso sem contar a sua relação com as redes sociais, as quais você passa a usar, de fato, como entretenimento, e não como algo automático toda vez que desbloqueia a tela do celular.

A princípio, pode ser cansativo, chato e entediante ter de encontrar um tempo na agenda para organizar a própria agenda, mas é essa atitude que o coloca na dianteira da sua vida, do controle da sua relação com a tecnologia. A história muda quando você percebe que consegue melhorar a situação ao conhecer o

VOCÊ ESTÁ PRONTO PARA MUDAR

A SUA VIDA E A VIDA DAS PESSOAS QUE ESTÃO AO SEU LADO?

@fabionudge

problema, trabalhar para mudá-lo e criar regras para evitar que ele volte a fazer parte da sua rotina.

Meu convite, portanto, é que, por mais difícil que as coisas pareçam ser em um primeiro momento, você se disponibilize a dedicar tempo e paciência para alcançar o melhor de você, da tecnologia e das suas habilidades. Depois disso, replique para as pessoas que estão ao seu redor.

Você está pronto para mudar a sua vida e a vida das pessoas que estão ao seu lado? É isso o que proponho com este método, acima de tudo. Quando estiver colocando o método em prática, me marque nas redes usando as hashtags #infobesidade ou #infofitness,

Vamos comemorar, mas não parar de mudar!

dependendo do momento em que você se encontra. Como tudo está na internet, que a sua história, a minha e a de quem vier conosco inspirem mais pessoas a seguir o caminho que iniciamos aqui.

> ● ● ● **CAPÍTULO MASTIGADO**
>
> 1. A tecnologia é excelente, desde que usada de maneira correta.
> 2. Os melhores resultados são alcançados quando nos mantemos atentos aos nossos hábitos.
> 3. Ferramentas, nutricionistas e nutrinfos auxiliam as nossas melhores escolhas.
> 4. Uma netiqueta pode ser criada a partir do seu processo de autoconhecimento.

Para acessar os links utilizados neste capítulo, aponte a câmera do seu celular para o QR Code.

Este livro foi impresso pela
Edições Loyola em papel pólen
bold 70 g/m² em setembro de 2023.